Das Geheimnis des Hundertjährigen Kalenders

Von einer Sache das zu halten, was sie ist, ist Glaube.
Von ihr mehr zu halten, als sie ist, ist Aberglaube.
Von ihr weniger zu halten, als sie ist, ist Unglaube.

Ernö Zeltner

Das Geheimnis des Hundertjährigen Kalenders

Der immerwährende Wetterprophet

Mosaik

Inhalt

Ungeduldige Leser, die wissen wollen, welches Wetter der Hundertjährige Kalender für den nächsten Frühling, Sommer, Herbst und Winter prophezeit, können gleich die Seiten 47-88 aufschlagen. Dort finden sie für die kommenden 7 Jahre auch die Witterung der einzelnen Tage beschrieben, wie sie sich nach den Regeln des Hundertjährigen Kalenders gestalten soll. Alle diese Angaben werden die Leser allerdings erst richtig deuten können, wenn sie auch die den Wetterprognosen vorangestellten Texte in der gegebenen Reihenfolge lesen.

Der »Hinkende Bote«

Wenn die Feldarbeit getan war und auch der Hausvater Muße fand, sich's auf der Ofenbank bequem zu machen, kam die Zeit, da der humpelnde Hausierer an die Tür klopfte. Er hatte außer Knöpfen und Spangen, Kopftüchern und bunten Perlen auch den Kalender fürs kommende Jahr in seinem Bauchladen. Vielerorts nannte man ihn den »Hinkenden Boten«, weil seit dem großen, dem Dreißigjährigen Krieg vor allem stelzbeinige Invaliden ihr Dasein aus dem Verkauf von Kurzwaren und auch allerlei unnützem Tand fristeten. Und nach diesem Boten waren seit dem 17. Jahrhundert Kalender und Almanache benannt. Sie erschienen im Badischen wie in Preußen, im Sauerland und in Bayern; mancherorts kommt noch heute ein gedruckter Hinkender Bote ins Haus. Als großer Vorzug des beliebten Haus- und Bauernkalenders galt, daß auch die Wettervoraussagen des Hundertjährigen Kalenders darin abgedruckt waren.

Da putzte denn der Vater umständlich die Brille, schlug den Kalender auf und las laut und bedächtig vor, was das neue Jahr alles bringen würde: »Der letzte Schnee kommt Ende April, doch der Mai läßt nicht mit sich spaßen, selbst nach den Eisheiligen wird es noch Frostnächte geben.«

»Wann ist Osterneumond?« wollte Mutter wissen und auch, um welche Zeit die Frühjahrsaussaat im Garten beginnen sollte. Waren im kommenden Jahr des Merkur Unwetter zu erwarten oder standen gar Krankheit und Ungeziefer ins Haus? Würde das Venus-Jahr ohne größere Unbill zu Ende gehen, drohte heuer noch Hochwasser oder Dürre?

Die Antworten las der Vater aus dem »Hundertjährigen« vor; froh, wenn die Vorhersagen Gutes hoffen ließen, ernst und ge-

Verbesserter und
Vollkommener Staats-Kalender,
Genannt der
Hinkende Bott.
Darinnen
Die zwölf Monat, Natur und Eigenschaften
derselben, des Monds Ab- und Zunehmen, und andere gewöhnliche
Astrologische Verfassungen: daneben ein richtiges Verzeichniß der
Posten, Messen, Jahrmärkten, und andern curiosen Sachen.
Absonderlich aber eine
Gründliche Erzehlung alles dessen, was sich vorhin, und
letztmalen weiters in Deutschland, Frankreich, Holl- und Engell. etc.
auch sonsten hin und wieder Merkwürdiges begeben und zugetragen, in
möglichst kurzer Form zu finden, und dem gemeinen Mann, welcher allzu theure grös-
sere Werke nicht kaufen kan, zu Gutem, nun zum 4ten Male heraus gegeben worden.
Auf das Gnadenreiche Christ-Jahr
MDCCCIV.
Durch Antoni Sorgmann, der Mathematischen Künsten
und denkwürdigen Geschichten besondern Liebhabern.

Nach Erschaffung der Welt 5823. Nach Erwählung des röm. Kaisers Franziskus II. 12. nach dem Neuen Cal. 224. nach dem Verbes. 104. Ist die gulden Zahl nach beyden Cal. 19. Der Sonnen-Circul 21. Der Römer Zinßzahl 7. Epacta 18.

Sont. Buchst. A. G.
Zwischen Weihnacht und Hr. Fasnacht 7. Wochen 0. Tag.
Septuag. 29 Jan.
Aschermittw. 15 Febr.
Ostersonnt. 1 April.
Himmelfart 10 May.
Erst. Adventss. 2 Dec.
Gut säen, pflanzen
Bauholz fällen
Gut ackern, misten

Lahr, zu finden bey Johann Heinrich Geiger 1804.

Der Lahrer »Hinkende Bote« erschien seit dem Jahre 1800. Die Titelseite der Ausgabe von 1804 zeigt die Vielseitigkeit des beliebten Kalendariums.

faßt, falls der »Hinkende« Hagel und Unwetter prophezeite. Denn sogar Bedrohliches verliert etwas von seinem Schrecken, wenn es nicht unverhofft eintrifft und man sich darauf einrichten kann.

Auch die Gespräche der Männer im Dorfwirtshaus kreisten allemal um Politik und Wetter und um das, was der Kalender fürs kommende Jahr prophezeite. Traf vorhergesagtes Unheil ein, so tröstete man sich damit, daß man es ja gewußt, der Kalender es so geschrieben habe; blieb man vom Übel verschont, traf keinen die Schuld, gewiß nicht den Hinkenden Boten und schon gar nicht den Hundertjährigen Kalender.

Ein Kalendarium und sein Geheimnis

Als erstes Wunder rund um den Hundertjährigen Kalender mag die Tatsache gelten, daß er – wenn auch mit Veränderungen und Ergänzungen – die Jahrhunderte überdauert und für unzählige Zeitgenossen bis heute nichts an Faszination eingebüßt hat. Das zweite Wunder an diesem Kalendarium ist zugleich sein großes Geheimnis. Die Wetter- und sonstigen Prognosen des Abtes Mauritius Knauer rühren an eine Seite des Menschen, die sich wissenschaftlicher Analyse heftig widersetzt. Sie betreffen eine Dimension, die mehr mit Glauben als mit Erkenntnis zu tun hat. Viele wollen und brauchen nicht immer und überall die nüchterne Beweisführung; vor allem dort nicht, wo es um Naturerscheinungen geht, die sich der Beeinflussung durch den Menschen entziehen. Die Natur läßt sich nicht bis in ihren Urgrund erklären und verstehen; sie hat sich auf mancherlei Gebieten noch ihre Geheimnisse bewahrt. Und gerade das nicht Erklärbare, also Unbegreifliche, ist es, was viele von uns mehr berührt als der sachliche Beweis und die Gesetze, die die Naturwissenschaft aufgestellt hat. Ersteres, das Geheimnisvolle nämlich, ist auf die Seele gerichtet, das zweite aber, die abgesicherte These, wendet sich an den Kopf.

Der Blick zum Himmel oder die Prognosen eines alten Kalendariums vermitteln vielen »Gläubigen« größere Zuversicht als eine wissenschaftliche Autorität. Sicher hat der Glauben daran mehr mit Ahnen zu tun als mit Gewißheit, mehr mit Intuition als mit Beweis. Aber genauer möchte man es eigentlich gar nicht wissen, und man ist sogar bereit, gelegentliche Fehlprognosen in Kauf zu nehmen.

Die Wissenschaft kann heute fast alles erklären oder gibt jedenfalls vor, es zu können. Und doch bleibt da noch ein Winkel, der sich der restlosen Ausforschung entzieht. In dieser Nische des diffusen Ahnens haben Phänomene und Naturerscheinungen ihren Platz, deren wissenschaftliche Aufarbeitung die Menschen bis heute nicht ganz befriedigt; zu ihnen gehören – trotz weit fortgeschrittener Erkundung des Weltraums – die Himmelskörper und ihre Konstellationen, aber auch das Wetter. In diesen Bereichen kann die Naturwissenschaft bei aller Beweiskraft ein neu entfachtes Mißtrauen nicht mehr ausrotten.

Daß wir im Umgang mit der Natur heute auf so vielen Feldern mit unserem Latein am Ende sind, hat die Skepsis gegenüber der modernen Wissenschaft neu entfacht und den Glauben an erfahrenes, beobachtetes altes Wissen unserer Vorfahren, an Tra-

Mittelalterlicher Holzschnitt: Der Astrologe und die Himmelssphären auf der einen und der Theologe mit der Schrift auf der anderen Seite symbolisieren den Disput zwischen Astrologie und Theologie.

ditionen neu erblühen lassen. Was einst den Alten zu Einsicht und Nutzen verholfen hat, muß doch auch uns heute noch zugänglich sein!

Aber unsere Vorväter hatten uns eines voraus: Sie lebten noch in enger Gemeinschaft mit der Natur und nicht gegen sie. Das spüren wir, und es verstärkt in uns die Sehnsucht, zu solcher Naturverbundenheit zurückzufinden. Als Mittel dazu bieten sich vielen die überlieferten Aufzeichnungen an, zu denen auch der Hundertjährige Kalender gehört.

Von der Prophetie zur Beobachtung

Es war ein langer Weg von den noch im Mittelalter wurzelnden mystischen Prophezeiungen, beispielsweise eines Nostradamus, bis zur Erstellung des Hundertjährigen Kalenders durch den Abt Mauritius Knauer. An die Stelle purer Prophetie traten bei ihm genaue Beobachtung und die Aufzeichnung des Beobachteten.

Seine Wetternotizen und die daraus abgeleiteten Ratschläge sind ganz konkret und lassen, anders als die erwähnten Prophezeiungen, keine Miß- und Umdeutungen zu. Zudem mußten und müssen sie sich im Vergleich mit der Wirklichkeit und Praxis bewähren, Tag für Tag, Monat für Monat, Jahr für Jahr.

Das Merkwürdige ist nur, daß auch nicht eingetroffene Voraussagen den Glauben unzähliger Menschen an den Hundertjährigen Kalender nicht erschüttert haben und daß er bis heute vor allem auf dem Land als Wetterbuch zu Rate gezogen wird.

Doch auch die Phalanx der Kritiker am Kalenderwerk des Mauritius Knauer hat sich schon früh formiert; so schrieb etwa Johann Heinrich Zedler in seinem Universal-Lexikon, das 1733 in Halle und Leipzig erschienen ist:

> »Die Prophezeyung von dem Wetter und andern Astrologischen Aberglauben sollte aus dem Calender ganz weggelassen werden, indem die ganze Sache unbegründet und falsch … ist; und wäre es besser getahn, wenn die Kalender-Schreiber das Wetter des vorhergehendes Jahres mit denen Barometrischen und Thermometrischen Observationen in ihre Calender brächten … Allein, weil der gemeine Mann aus Aberglauben keinen solchen Calender kauffen will, darinnen die Wetter-Prophezeiungen weggelassen sind, so ist man genöthiget worden, diese üble Gewohnheit beyzubehalten.«

Immerhin läßt sich gegen soviel Skepsis ein Kronzeuge von ganz anderem Format und ein Zitat von höchstem literarischem Rang bemühen:

> »Daran erkenn' ich den gelehrten Herrn!
> Was ihr nicht tastet, steht euch meilenfern,
> was ihr nicht faßt, das fehlt euch ganz und gar,
> was ihr nicht rechnet, glaubt ihr, sei nicht wahr,
> was ihr nicht wägt, hat für euch kein Gewicht,
> was ihr nicht münzt, das meint ihr, gelte nicht.«
> (Goethe, Faust I).

Wie der Hundertjährige Kalender entstanden ist

Die Astronomen und Wetterkundler unserer Tage haben – bei allem ihnen zu Gebote stehenden technischen Rüstzeug – ihren Vorgängern aus vergangenen Jahrhunderten vieles zu danken. Die machten nämlich, trotz spärlicher, primitiver Mittel und Geräte, bereits erstaunliche Beobachtungen und sammelten wichtige Erkenntnisse über das Wetter.

Wetterbücher und Hauskalender

Schon im 15. Jahrhundert gab es auch bei uns Wetteraufzeichnungen in Form von Handschriften und Einblattdrucken. Mit dem Aufkommen und der Verbreitung des Buchdrucks erschienen dann mancherlei »Wetterbüchlein« und »Hauskalender«. Der Nürnberger Astrologe und Kalendermacher Leonhard Reynman verfaßte ein solches Wetterbuch in deutscher Sprache unter dem Titel »Von warer erkanntnuss des Wetters« und legte es 1505 auch gedruckt vor. Drei Jahre später erschien in Augsburg bereits eine Bauernpraktik (»Pawren Practick und regel«).

Natürlich fanden diese Schriften vor allem bei der bäuerlichen Bevölkerung ihre Abnehmer, und darauf nahmen diese Kalendersteller Bedacht. Schließlich lebte ein großer Teil der damaligen Bevölkerung von der Landwirtschaft, denn auch kleinstädtische Handwerker mußten sich, sozusagen im Nebenerwerb, als Bauern betätigen. Kalenderartig waren deshalb in diesen Büchlein die wichtigsten Termine für das bäuerliche Arbeitsjahr sowie Zahlungsfristen und Daten für die Einstellung des Gesindes, für Abrechnungen etc. verzeichnet. Das größte Interesse aber fanden die Wetterprognosen.

Schon vor fast 400 Jahren erschienen all diese Schriften in Stückzahlen, von denen Autoren und Verleger unserer Tage nur träumen können. Von der erwähnten Bauernpraktik (1508), die aus ganzen 6 Blättern bestand, gab es 34 datierte und 25 undatierte Neudrucke; 19 Übersetzungen ins Französische, 9 ins Tschechische, ungezählte englische, holländische, ja sogar schwedische und dänische Ausgaben sind überliefert.

Der Boden der Kalender-Literatur war also wohl bereitet, als im Jahre 1701 das Kalendarium des Abtes Mauritius Knauer endlich gedruckt erschien, das seit dieser Zeit der Hundertjährige Kalender hieß.

Das Leben des Mauritius Knauer

Wir schreiben das Jahr 1613. Der angesehenen Bauernfamilie Knauer in Weismain, Kreis Kulmbach, wird ein Sohn geboren. Als sein Vater, der zugleich Bürgermeister des fränkischen Landstädtchens ist, das Kind ins Matrikelbuch einträgt, kann er nicht ahnen, daß der kleine Moriz es einmal zu Weisheit, Ruhm und Ehre bringen und sein Werk die Jahrhunderte überdauern wird.

Der aufgeweckte Knabe wuchs in bäuerlichem Milieu auf und erlebte aus nächster Nähe die Wirren und Schrecken des Dreißigjährigen Krieges. Plündernde schwedische Landsknechte verwüsteten die Heimat, ließen die Bewohner Frankens in Hunger und Elend zurück.

Dank der Förderung durch seinen Verwandten Nikolaus Eber, Abt des Zisterzienserklosters Langheim, kam Moriz zuerst ins

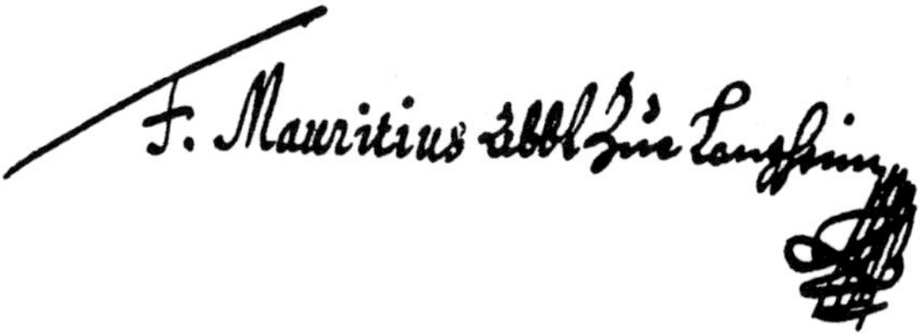
F. Mauritius Abbt zu Langheim

Gymnasium nach Bamberg, später in die hochangesehene Schule des Klosters. Hier fand der begabte und wißbegierige Schüler alle nur denkbare Förderung. Er wurde, nachdem er sich für die geistliche Laufbahn und zum Eintritt in den Orden entschieden hatte, zum weiteren Studium der Theologie nach Wien geschickt. An der berühmten Universität der Kaiserstadt widmete sich der strebsame Franke aber nicht nur theologischen Studien, sondern auch mit Eifer der Astrologie und Astronomie und eignete sich ein fundiertes medizinisches, pharmakologisches, mathematisches und juristisches Wissen an.

Ins Kloster zurückberufen, erwarb er sich bei den Ordensbrüdern großes Ansehen, wurde 1645 Subprior und bald darauf Prior. 1648 bekam er seine Heimatpfarrei Weismain als Seelsorger zugewiesen. Zudem erlangte er den Doktorhut der Universität Bamberg.

Im Alter von 37 Jahren übernahm er das Amt des Abtes von Kloster Langheim (1649). Um die von Kaiser Ferdinand III. der Abtei verliehenen Privilegien (er selbst war zum kaiserlichen geheimen Kaplan ernannt worden) wiederzuerlangen, legte sich der Abt mit dem Fürstbischof von Bamberg an und verweigerte ihm schließlich sogar den Gehorsam. Im Kampf um die Rechte von Kloster Langheim ging er so weit, daß er von den Schergen des Bischofs gefangengenommen und sogar eingekerkert wurde. Erst als er die Interessen des Klosters schwer beeinträchtigt sah, gab er nach. 1652 durfte er als Abt nach Langheim zurückkehren.

Seitdem versagte sich der bäuerliche Dickschädel weitere Ausflüge in die Politik; er kümmerte sich vor allem um das Wohl

Abbildung aus Leonhard Reynmans Wetterbüchlein »Von warer erkanntnuss des Wetters« (Ausgabe von 1510).

Ansicht des Klosters Langheim um 1720, nach einem Kupferstich von J. R. Demleutner.

des Klosters und der Menschen seiner oberfränkischen Heimat. Zunächst widmete er sich praktischen Aufgaben wie der Instandsetzung und Bewirtschaftung des Klostergutes. Das war nach den Verwüstungen des Krieges bitter nötig. Daneben aber brachte er wichtige Erkenntnisse über Feldwirtschaft, Ökonomie, Arzneikunst sowie Astronomie und Wetterbeobachtung zu Papier.

Abt Mauritius war gewiß ein frommer Mann, doch neben dem Seelenheil und den Glaubensnöten seiner Ordensbrüder sowie der Menschen seiner Gemeinde bewegte ihn vor allem deren Überlebenskampf in diesen schlimmen Zeiten. So galt sein besonderes Interesse der für die Landwirtschaft so wichtigen Wettererkundung, die er auf ganz neue Grundlagen stellte.

Zwischen 1652 und 1658, also 7 Jahre lang, machte er Tag für Tag Aufzeichnungen über die herrschende Witterung; dabei ordnete er jedem dieser 7 Jahre einen der Wandelsterne zu. Nach damaliger astrologischer Auffassung gab es nämlich 7 Planeten (Saturn, Jupiter, Mars, Sonne, Venus, Merkur und Mond); jeder von ihnen galt als Regent und damit auch als »Wettermacher« eines Jahreskreises. Nach Ablauf von 7 Jahren sollte der Planeten-Zyklus wieder von vorn beginnen. Knauer ging davon aus, daß jeder Planet jeweils ein Jahr »regiert« und dabei auch das Wetter bestimmt. So mußte sich das von ihm so genau notierte Wettergeschehen im 7-Jahres-Rhythmus weitgehend wiederholen. Er hatte – wenn man dieser Logik folgt – mit seinen Beobachtungen also einen immerwährenden, einen ewigen Wetterkalender geschaffen.

Die Beobachtungen Knauers waren ursprünglich nicht als Wetterorakel gedacht; dieser Aspekt wurde erst in späteren Abdrucken von geschäftstüchtigen Druckern und Verlegern in den Vordergrund gestellt.

Knauer zeichnete nicht nur auf, sondern zog aus seinen Beobachtungen Schlüsse und leitete auf die Witterung bezogene Vorhersagen daraus ab. Zudem gab der dem bäuerlichen Stand zeitlebens verbunden gebliebene Abt praktische Ratschläge für die landwirtschaftlichen Arbeiten des Jahres. Knauers »Calendarium Oeconomicum practicum perpetuum« (später der Hundertjährige Kalender) richtete sich an Hausväter und Hausmütter, an Oeconomen (Klosterstatthalter), Aufseher, Pächter und lesekundige Bauern und Winzer. Es war ganz auf die ländlichen Verhältnisse seiner Zeit zugeschnitten und sprach alle wichtigen Lebensbelange an : Sommeranbau, Herbstanbau, Winteranbau, Obst-, Hopfen- und Weinbau, Wind, Güsse, Ungewitter. Dank Knauers medizinischer Bildung enthielt das Kalendarium sogar Hinweise zu Beschwerden und Krankheiten, Warnungen vor Seuchen etc. – vor allem aber Wetterbeobachtungen.

Abt Knauer war ein praktisch denkender Zeitgenosse mit viel Realitätssinn, kein prophetischer Magier mit schwarzem Spitzhut und silberbesticktem Mantel. In der lateinischen Vorrede seines Kalendariums sagt er: »...ich werde nur das erwähnen, was ich selbst in der Praxis als wahr erkannte und dessen Ursache ich in langwieriger Forschung zu ergründen versuchte.«

Seine Ratschläge für Landwirte, Schäfer, Winzer, Fischer und Teichwirte entsprachen den Bedürfnissen seiner Zeit; für die Gegenwart haben diese Anleitungen und Empfehlungen vorwiegend dokumentarischen und kulturhistorischen Wert. Die Kalendermacher späterer Jahrhunderte, die seine wertvollen Aufzeichnungen für ihre Zwecke ausgebeutet haben, beschränkten sich deshalb meist auf die Knauerschen Wetterprognosen.

Das meistbenutzte Kalendarium

Der kritische Abt mußte bei seinen Studien und ihrer Vermittlung an die Zeitgenossen natürlich auch auf Erkenntnisse und Mutmaßungen zurückgreifen, zu denen vor ihm schon andere gelangt waren. So kannte er mit Sicherheit das »Buch der Natur« des Konrad von Megenburg, eines in den Naturwissenschaften bewanderten Domherrn von Regensburg, und das »Wetterbüchlein« des Leonhard Reynman. Vor allem aber stützte er sich auf das 400seitige Kalender-Tagebuch des Ranzovius (Henrici Rancovii Diarium sive Calendarium Romanum Oeconomicum, Ecclesiasticum, Astronomicum et Fere Perpetuum. Witebergae, 1593). Es versorgte ihn mit allerlei ökonomischem Wissen und lieferte ihm damit das Rüstzeug für seine Arbeit. Im Anhang seines Kalendariums hat Knauer, teilweise in lateinischer Sprache, die Texte des Ranzovius fast wörtlich zitiert. Und natürlich waren dem Abt auch die verschiedenen Bauernpraktiken bekannt.

Für seine Himmelsbeobachtungen richtete sich Mauritius Knauer auf dem Klostergelände sogar ein kleines Observatorium, den legendären »Blauen Turm«, ein und blickte von hier in klaren Nächten auf zum Sternenhimmel, beobachtete den Mond und die Planeten, wohl auch einmal einen Kometen, und Sternschnuppen.

In Knauers Werk verbinden sich exakte Beobachtung – also ein deutlich wissenschaftlicher Ansatz – mit astrologischen Theorien, die auf das Weltbild des alexandrinischen Astronomen und Mathematikers Ptolemäus zurückgehen und die er aus älteren Planetenkalendern übernahm. Doch die Schlüsse, die er aus all dem zog, hoben seine Arbeit weit über das Niveau der in seinem Jahrhundert in großer Zahl erschienenen Kalendarien hinaus. Sein eigentliches Ziel war nach eigenem Bekunden die Schaffung eines praktikablen und beständigen Hausbuchs. Das ausführliche Titelblatt (siehe Seite 25) der ältesten Handschrift des Knauerschen Kalenders, das zugleich eine Art Inhaltsverzeichnis darstellt, ist ein Beleg seiner Absichten:

Calendarium Oeconomicum Practicum Perpetuum
Daß ist
Bestendiger Hauß Calender
Aus welchen Jährlich die Witterung zu erkennen und nach

dero gestalt der Wein und Veldtbau mit frücht und nützen anzuordnen, die Mißjahr zu erkennen und der bevorstehenden noth weißlich vorzukommen.

An die Aufstellung eines Hundertjährigen Kalenders hat Abt Mauritius mit Sicherheit nicht gedacht, und auch nicht daran, daß dieses für den Gebrauch in seiner engeren Heimat geschaffene Werk sich eines Tages verselbständigen und über regionale und Landesgrenzen hinweg einen Siegeszug antreten würde.

Abt Mauritius Knauer starb am 9. November 1664 im Kloster Langheim am »Schlagfluß«.

Bis heute, also bis an die Schwelle des 3. Jahrtausends, hat sein Kalendarium kaum etwas von seiner Anziehungskraft eingebüßt. Vor allem im ländlichen Bereich gilt es neben Bauern- und Mondkalendern immer noch als Hausbuch für die Wettervorhersage. Daß sich die Voraussetzungen für viele seiner Aussagen (Entdeckung weiterer Planeten u.a.) inzwischen grundlegend gewandelt haben, kann ihm in den Augen seiner treuen Leserschaft nichts anhaben.

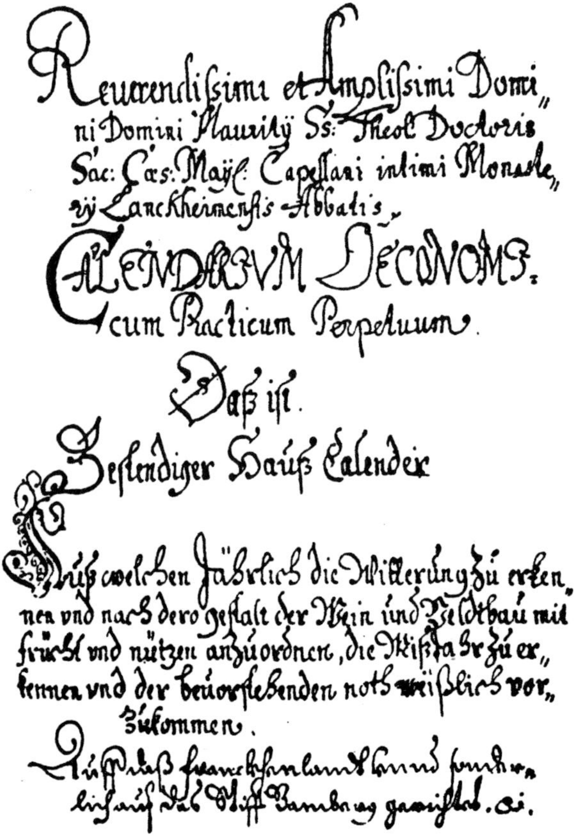
Reverendissimi et Amplissimi Domi-
ni Domini Mauritij Ss: Theol: Doctoris
Sac: Caes: Majest: Capellani intimi Monaste-
rij Langkheimensis Abbatis.
CALENDARIUM OECONOMI[CUM]
cum Practicum Perpetuum.
Das ist
Beständiger Hauß Calender
Auß welchen jährlich die Witterung zu erken-
nen und nach dero gestalt der Wein und Feldtbau mit
frücht und nützen anzuordnen, die Mißjahr zu er-
kennen und der bevorstehenden noth weißlich vor-
zukommen.
Auf das Frankenland vornemb-
lich auf das Stifft Bamberg gerichtet. etc.

Titelblatt der ältesten Handschrift des Hauß Calenders. Besonders bemerkenswert der ausdrückliche Hinweis »auf das Frankenland ... gerichtet«.

Ein Wetterkalender als Bestseller

Schon zu Lebzeiten des Abtes ging sein Kalenderwerk in unzähligen Abschriften von Hand zu Hand. Es gilt als unwahrscheinlich, daß er die Drucklegung noch erlebt hat, denn die ersten gedruckten Exemplare sind erst aus dem Jahr 1701 überliefert.

Dem Erfurter Arzt, Dichter und Alchimisten Christoph Hellwig war es vorbehalten, gute 35 Jahre nach Knauers Tod den Kalender erstmals in gedruckter Fassung herauszugeben. Bei diesem Druck handelte es sich nach Auskunft späterer Herausgeber um eine im Vergleich mit der Urschrift verstümmelte und falsch angeordnete Abschrift. Dadurch haben sich auch in spätere Nachdrucke Fehler und Mißverständnisse eingeschlichen. Als Verdienst muß Hellwig dennoch angerechnet werden, daß er die Regententabelle der Planeten (siehe Seite 126) aus der Knauerschen Handschrift von 312 auf runde 100 Jahre (1701-1801) verkürzt hat. So kam die magische Zahl 100 ins Spiel, und aus dem »immerwährenden« Kalender (»Calendarium ... Perpetuum«) wurde nun einer für genau 100 Jahre.

Noch im selben Jahr 1701, als der von Hellwig veranlaßte Druck des »Curiosen Calender« erschien, gab ein findiger Drucker in Marburg den nun auch so genannten »Hundertjährigen Hauß-Calender« heraus. Sein auf Seite 29 wiedergegebener Titel bedeckte ein ganzes Blatt. Das sollte wohl die gehörige Vollständigkeit und Authentizität des Werks auf recht marktschreierische Weise kundtun.

Im weiteren Verlauf des 18. und 19. Jahrhunderts wurde dem ursprünglichen Text von einer Ausgabe zur andern immer weiter

Curiöser

Kalender/

Welcher auf das jetzige Seculum, nach Christi Gebuhrt/
nemlich
von 1701. bis 1801.
gestellet/
Darinnen zufinden/
Wie ein jeder Hauß-Vater/ hohes und niedriges Standes/ sein Haußwesen künfftig mit Nutzen einrichten/ und von Frucht- und Unfruchtbarkeit jedes Jahr/ Monat und Tag/ solche gantze Zeit über/ nach der 7. Planeten Influentz/ judiciren möge;
Nebst angefügter kurtzen Anweisung/ zu den unter die Planeten gehörigen Metallen und Mineralien etc. wie auch ihren kräfftigen Würckungen im Menschlichen Leibe.
Ausgestellet
von
L. Christoph. Hellwig/
Côlledâ Thur. P.L. Cæs. Phisic. zu Tännstädt.

EJSLEBEN/
Gedruckt und Zufinden bey Andr. Clajo.

Titelblatt des Hundertjährigen Kalenders von L. Chr. Hellwig.

Gewalt angetan, so daß vom verdienstvollen Werk des Mauritius Knauer schließlich kaum noch Authentisches übrig blieb. Es wimmelte von Verwechslungen und Druckfehlern, die Prognosen waren oft gleich um Jahre verschoben. Zahllose Ungereimtheiten brachten den Kalender immer mehr in Verruf. Allerlei kritische Sprüche enttäuschter Kalenderbenutzer machten die Runde (»Was der Herr für Wetter macht, hat der Kalender nicht bedacht«; in Braunschweig hieß es, »Den kalenner maket de minschen, dat wedder de leiwe hergott«). Dennoch blieb das Wetterbuch, das längst zum gewinnbringenden Machwerk verkommen war, nächst der Bibel eines der verbreitetsten Druckwerke. Bis 1860 hatte es bereits 180 Auflagen erlebt. Aber das handschriftliche Original Knauers wurde dazu offensichtlich nicht herangezogen.

Wenn man sich fragt, warum gerade dieses Kalenderwerk zum Jahrhundert-Bestseller geworden ist, so liegt die Antwort auf der Hand: Gewiß war es die Wetterprognose im Hundertjährigen, die den Kalender so über alle Maßen populär gemacht hat, ist doch das Wetter ein wahrhaft immerwährendes Thema für jedermann. Die Erforschung von Wettervorgängen war zusammen mit der Beobachtung der Sterne die älteste wissenschaftliche Betätigung des Menschen – bereits im 4. Jahrhundert v. Chr. hat Aristoteles sein großes Werk »Meteorologica« verfaßt.

Kein anderer Vorgang in der Natur hat einen so nachhaltigen Einfluß auf Menschen, Tiere und Pflanzen wie das Wetter. Wärme, Feuchtigkeit und Sonnenschein bewirken das Pflanzenwachstum und zugleich Gedeihen und Gesundheit aller Lebe-

Hundertjähriger Hauß-Calender,

Welcher auff das jetzige Seculum
Nach Christi Geburt
Von 1701, biß 1801,
Nachdem verbesserten Calender eingerichtet:
Darinnen zu finden wie ein jeder Hauß-
Vatter hohes und niedrigen Standes / sein
Haußwesen künfftig mit Nutzen einrichten / die Miß-Jahre
erkennen / der bevorstehenden Noth weißlich
vorkommen möge /
Und nach der Sieben Planeten Influentz
judiciren könne.
Vormahls gestellet und herausgegeben von
D. MAURITIO KNAUER,
Abten zum Kloster Langheim.
Wie auch eine nöthige und gar nützliche
Anweisung von Monat zu Monat / was
durchs gantze Jahr in der Haushaltung zu thun sey.
Welchem noch beygefüget worden /
I. Haushaltungs- und Garten-Künste. II. Wein-Künste.
III. Koch-Büchlein. Allerlei Gebackenes zu machen.
V. Früchte einzumachen. VI. Artzneybüchlein vor Mensche
und Vieh. VII. Vergleichung des Geldes / Gewichts
Maas und Elen mit andern Ländern.

wesen. Wo aber Kälte, Dürre und Dunkelheit herrschen, verkümmert, stirbt alles Leben.

Es ist das Verdienst von Dr. Ernst Heimeran, daß es in unserem Jahrhundert zu einer Neuausgabe des vollständigen Kalendariums von Mauritius Knauer gekommen ist. Heimeran spürte nämlich die Originalhandschrift auf, hat sie 1934 herausgegeben und dabei von falschen, fremden und unsachlichen Zusätzen befreit. In seiner Ausgabe sind die ursprünglichen Wetterbeobachtungen Knauers wieder in den Mittelpunkt gerückt.

Heimeran, der für seine Edition in Anspruch nahm, den ersten »Echten 100jährigen Kalender« gedruckt zu haben, schreibt in der Einleitung dieser Ausgabe: »Es ist mir, wie ich glaube, gelungen, die eigenhändigen Aufzeichnungen seines Verfassers Knauer aus dem Jahre 1652-58 in einer Bamberger Handschrift festzustellen, damit den Originaltext zu erschließen und hier vorzulegen.«

Von der Ausgabe Heimerans wird bei der Textwiedergabe des Knauerschen Wetter-Tagebuchs (Seiten 48-88) in diesem Büchlein ausgegangen.

Titelblatt der seit 1704 von Kulmbach ausgehenden Drucke des Hauß-Kalenders.

Die geheimnisvollen Sieben

Seit altersher kannte man eine Art Zahlencode, mit dessen Hilfe die Herrscher des Kosmos dem Menschen ihren göttlichen Willen kundtaten. Unter diesen Zahlen spielte die 7 immer eine herausragende Rolle. In der antiken Mythologie wie in der mittelalterlichen Mystik und in vielen Religionen galt die 7 als besonders schicksalsträchtig. Sie hatte in der Zahlenreihe einen geradezu magischen Stellenwert: Gott schuf die Welt in sieben Tagen, heißt es in der Schöpfungsgeschichte. Auf die sieben fetten Jahre folgten im Alten Testament die sieben mageren Jahre. In der präklassischen Maya-Kultur glaubte man an die sieben Schichten des Himmels, und selbst in der Sprache unserer Tage fühlt man sich gelegentlich noch im siebenten Himmel.

Schicksalsbestimmende Planeten

Daß die Stellung der Sterne im Augenblick der Geburt eines Menschen von entscheidender, sein Leben bestimmender Bedeutung ist, glaubt man schon seit uralten Zeiten. Auch heute noch muß der Astrologe, der ein Horoskop erstellt, exakt die Stunde, ja die Geburtsminute eines Menschen kennen. Nur so läßt sich errechnen, welcher Planet beim Eintritt des Kindes ins Erdendasein regierte und welches Planeten »Kind« man ist.

Im Altertum waren es die sieben, zu der damaligen Zeit bekannten Himmelskörper Saturn, Jupiter, Mars, Sonne, Venus, Merkur und Mond, denen man Einfluß auf die Geschicke des Menschen zuschrieb.

Auch im alten Ägypten zählte die Woche 7 Tage; und 7 Tage

dauert es, bis der Mond von einer Phase in die nächste tritt. Die Astrologen ordneten jedem Tag einen der 7 Planeten zu, unsere Bezeichnungen der Wochentage erinnern daran.

Wochentage und Planeten

1. Tag der Woche	Samstag (engl. Saturday)	= Tag des Saturn
2. Tag der Woche	Sonntag	= Tag der Sonne
3. Tag der Woche	Montag	= Tag des Mondes
4. Tag der Woche	Dienstag (frz. Mardi)	= Tag des Mars
5. Tag der Woche	Mittwoch (frz. Mercredi)	= Tag des Merkur
6. Tag der Woche	Donnerstag (frz. Jeudi)	= Jupiter
7. Tag der Woche	Freitag (frz. Vendredi)	= Venus

Auch das Leben der Erdenkinder – vom Säugling bis zum Greis – wurde in 7 Abschnitte eingeteilt und jedes dieser »Lebensalter« einem der 7 Planeten zugeordnet.

Planeten regieren Lebensabschnitte

1.- 4. Lebensjahr	Mond
5.-14. Lebensjahr	Merkur
15.-22. Lebensjahr	Venus
23.-41. Lebensjahr	Sonne
42.-56. Lebensjahr	Mars
57.-68. Lebensjahr	Jupiter
ab 69. Lebensjahr	Saturn

Ausgehend vom weitreichenden Einfluß der Planeten auf die Erde »errechneten« phantasiebegabte Astrologen durch Einbeziehung zahlreicher Faktoren auch ungewöhnliche und oft folgenschwere Sternkonstellationen. Aus diesen leiteten sie dann Vorhersagen über Klima und Wetter ab. So wurden beispielsweise für das Jahr 1492 beängstigende Aspekte ausgemacht und verheerende Hagelschläge sowie Überschwemmungen vorhergesagt. Die Katastrophe traf dann glücklicherweise nicht ein. Dennoch hat ein Zeitgenosse die erwarteten Auswirkungen auf Mensch und Natur in dramatischer Eindringlichkeit festgehalten (siehe Seite 36) – der Holzschnitt zierte das Titelblatt eines astrologischen Kalenders für das Saturnjahr 1492.

Daß das Auftreten und die rasche Verbreitung der Syphilis auf eine Konjunktion von 1484 zurückgeführt wurde, zeigt, welch sonderbare, heute belächelte Zusammenhänge auch sonst von manchen Sterndeutern hergestellt wurden.

Johannes Stöffler, ein Tübinger Astrologe und Mathematiker, löste (ungewollt) eine europaweite Hysterie aus, als er für 1524 eine Konjunktion errechnete, bei der es zu höchst ungewöhnlichem Gedränge von Saturn, Jupiter und Mars im wässrigen Zeichen Fische und damit zu einer verheerenden Flutkatastrophe kommen sollte. Manche Leute ließen sich rettende Schiffe bauen oder taten Buße, andere verkauften Hab und Gut und gingen in die Berge. In einem zeitgenössischen Vers hieß es dazu:

»Wer im 1523. Jahr nicht stirbt,
1524 nicht im Wasser verdirbt
Und 1525 nicht wird erschlagen,
Der mag wohl von Wundern sagen.«

Zeitgenössische Darstellung für das Saturnjahr 1492, für das bedrohliche Unwetter mit Hagelschlag und Überschwemmungen vorausgesagt waren.

Übrigens wurde von vielen Nachdenklichen der bald danach ausbrechende schreckliche Bauernkrieg mit dieser Konjunktion in Verbindung gebracht.

Mauritius Knauer, Abt des Zisterzienserklosters Langheim in Oberfranken, war ein aufgeschlossener, ja kritischer Zeitgenosse, aber sein-Weltbild unterschied sich nicht von dem seiner Zeit. Auch er zeigte sich überzeugt, »daß alles Leben und Wachstum von den Einflüssen und Walten des Himmels und der Gestirne abhängt«, daß also die Ereignisse am gestirnten Himmel, die Umläufe der Planeten, ihre regelmäßige Wiederkehr, Sonnen- und Mondfinsternisse, Kometen und andere Erscheinungen Fingerzeige oder verschlüsselte Zeichen des Weltenlenkers waren, die es zu ergründen galt. Unter dieser Voraussetzung hatte dann auch zu gelten, daß die Geschicke der Welt seit jeher und bis in ferne Zukunft im Lauf der Gestirne festgelegt sind, daß Sterne und Planeten Einfluß auf irdisches Geschehen, auf Krieg, Seuchen, Finsternisse, Naturkatastrophen haben.

Die sieben Jahresregenten

Seit dem Altertum waren sich die Astrologen darin einig, daß immer einer der ihnen bekannten sieben Planeten jeweils ein Jahr lang die Regentschaft über die Natur ausübt und auch dem Wetter des ganzen Jahres (von einem Frühlingsanfang zum nächsten) seinen Stempel aufdrückt. Eine alte Darstellung aus dem 15. Jahrhundert (siehe Seite 38) zeigt einprägsam, wie ein Engel das Rad mit den sieben Planeten dreht und jeweils einen

Ein Engel dreht das Planetenrad,
an dem die Wandelsterne auf- und niedersteigen.

von ihnen ganz nach oben, also auf den Platz des Regenten, hievt.

Die Jahre wurden – nach herrschender Auffassung – nach den sieben Planeten in sieben immerwährende Klassen eingeteilt; jeder dieser Klassen waren bestimmte Wettereigenschaften (heiß, kalt, trocken, feucht) in unterschiedlicher Kombination zugeordnet:

Die 1. Klasse mit Saturn als Regenten (das Saturnjahr) ist kalt und feucht und hat eine nachteilige Wirkung auf die Pflanzen.
Die 2. Klasse mit Jupiter als Regenten (das Jupiterjahr) ist mäßig warm, mehr feucht als trocken, durchwegs freundlich, bedeutet aber kein gutes Weinjahr.
Die 3. Klasse mit Mars als Regenten (das Marsjahr) ist trocken und warm.
Die 4. Klasse mit der Sonne als Regentin (das Sonnenjahr) ist sehr trocken und nur mittelmäßig warm.
Die 5. Klasse mit Venus als Regentin (das Venusjahr) ist mehr feucht als trocken, aber sehr warm.
Die 6. Klasse mit Merkur als Regenten (das Merkurjahr) ist trocken und kalt und wenig fruchtbar; bedeutet ein schlechtes Obst-, Wein- und Getreidejahr.
Die 7. Klasse mit dem Mond als Regenten (das Mondjahr) ist mehr feucht als trocken und mehr warm als kalt.

Diese Planetentheorie galt Astronomen und anderen Wissenschaftlern des Mittelalters und der frühen Neuzeit als Ausgangspunkt für weitere Beobachtung und Forschung. Und natürlich war auch Mauritius Knauer fest davon überzeugt, daß nacheinander und in der bekannten Folge Saturn, Jupiter, Mars, Sonne, Venus, Merkur und Mond jeweils ein Jahr lang die Herrschaft über Natur und Weltgeschehen haben und daß sich dieser 7-Jahres-Zyklus ständig und bis in alle Ewigkeit wiederholt.

Der Mensch konnte ja bei vielen anderen Naturerscheinungen einen zyklischen, also sich regelmäßig wiederholenden Verlauf beobachten. Er war diesem Uralt-Rhythmus im Wechsel von Tag und Nacht, im Kreislauf der Jahreszeiten, in den sich wiederholenden Mondphasen und bei anderen Vorgängen auf Schritt und Tritt begegnet. Daß sich auch das Wettergeschehen in bestimmten Abständen wiederholt, galt als allgemein akzeptiertes Faktum.

Die bestimmende Wirkung der Wandelsterne aufs Wetter und andere Erscheinungen in der Welt war also unstrittig. Doch gegen eine mechanische Ableitung des jährlichen Wettercharakters von der Regentschaft eines bestimmten Planeten sprachen Knauers Erfahrungen. Denn auch die Sommer eines Marsjahres oder die Winter eines Saturnjahres glichen einander nicht aufs Haar; vergleichbare Wetterzyklen traten durch mancherlei Einflüsse mit zeitlicher Verschiebung auf oder fielen ganz aus. Solchen Einflüssen wollte der Abt durch Beobachtung auf die Spur kommen, wiewohl er bereits manche Gründe dafür zu kennen glaubte, wie sich der Vorrede zum Kalender entnehmen läßt: Abweichungen können eintreten, wenn beispielsweise ein Planet »von einer größeren Sonnenfinsternis oder einem Kometen zu irgendeiner Zeit daran gehindert wird«, seine Wirkung zu entfalten. Ein weiterer Aspekt: Wenn uns der oberste Weltenlenker »... um unserer Sünden willen strafen will, so geschieht es wider den natürlichen Lauf und sind seiner göttlichen Allmacht alle Gestirne und Elemente unterworfen.«

Knauer sah zwar keinen Grund, diese astrometeorologische Auffassung in Zweifel zu ziehen. Doch wie bereits angeklungen, hielt er die schematisierten Angaben über Jahreswetterlagen für unzureichend und zu ungenau. Sein wissenschaftlich geschulter Geist verlangte Erfahrungswerte. So schickte er sich an, den Wettercharakter und die Witterungsabläufe der Jahreszeiten, ja jedes einzelnen Monats und sogar Tages über 7 Jahre zu beobachten und zu notieren. Nach 7 Jahren müßte sich dann das Wettergeschehen entsprechend dem aufgezeigten Planetenzyklus weitgehend wiederholen.

Die Tabelle auf Seite 126 zeigt die Zuordnung der Planeten für die kommenden 100 Jahre (1998-2098). Dort ist auf einen Blick zu erkennen, welcher der sieben Planeten in einem bestimmten Jahr die Regentschaft hat.

Das Wetter nach dem Hundertjährigen Kalender

Vor der Wiedergabe der Originalaufzeichnungen des Langheimer Abtes Knauer, also des echten »Hundertjährigen«, hier noch einige Vorbemerkungen über Anordnung und Sinn der Texte sowie über die Absichten, die der Verfasser seinerzeit mit ihnen verfolgte.

Beschrieben ist das Wettergeschehen in jedem einzelnen der 7 Planetenjahre. Dabei steht jeweils am Anfang die allgemeine Charakterisierung des in dem Jahr herrschenden Planeten, werden seine Eigenschaften und vor allem sein Einfluß und seine Wirkung auf die Natur, den Menschen und die Witterung dargestellt. Einprägsam erklärt der Autor, wie ein Planet den Menschen gesonnen ist, wie er die unter seinem Zeichen Geborenen äußerlich, aber auch charakterlich prägt, welche menschlichen Sinnesorgane und Körperteile ihm zugeordnet werden.

Dabei handelte es sich nicht um Einsichten und Erkenntnisse von Mauritius Knauer selbst, vielmehr gehörten solche Kenntnisse damals zum allgemeinen Wissensgut, zur herrschenden und weitverbreiteten Planetenastrologie. Sie durften in einem Kalender des 17. Jahrhunderts nicht fehlen; Knauer hat diese Teile aus anderen, älteren Quellen übernommen.

Danach folgt die Beschreibung des Wetters für das betreffende Planetenjahr und die vier Jahreszeiten. Weitere Abschnitte des Kalenders vermitteln Ratschläge für die Feld- und Viehwirtschaft, für den Hopfen- und Weinbau, auch allgemeine Warnungen vor Unwetter, Seuchen und Krankheiten, vor Schädlingen und Ungeziefer.

Diese mehr praktischen Abschnitte aus der Feder des Abtes hatten in den Augen späterer Kalender-Benutzer und -Herausgeber, anders als die Wettervorhersage, nichts Prognostisches an sich, und spielten deshalb in vielen Ausgaben des Hundertjährigen keine Rolle mehr; vielfach wurden sie durch zeitgemäße praktische Beiträge ersetzt. Sie sollen auch in diesem Band nicht vollständig wiedergegeben werden; über sie wird aber im Kapitel »Was sonst noch alles im Hundertjährigen steht« (siehe Seite 89) berichtet.

Die Treffsicherheit des Hundertjährigen

Daß es bei der Wettervorhersage nach dem Hundertjährigen Kalender keine absolute Treffsicherheit geben kann, hat Knauer selbst eingeräumt. Er nennt bei der Beschreibung der Partikularwitterung Ereignisse, die Abweichungen vom vorhergesagten Wettergeschehen des jeweiligen Planetenjahres mit sich bringen können:

»Die erste Regel ist, daß man im gewöhnlichen Kalender nachsehe, ob eine sichtbare Sonnenfinsternis ist; denn die Sonnenfinsternisse überwältigen den Planeten in seinem natürlichen Wirken. Ist der Planet trocken oder feucht, so verursachen die Sonnenfinsternisse anfangs eine Zeitlang Feuchtigkeit, danach aber trockenes und warmes Wetter. Ist nun der Planet feuchter Natur, so folgt eine Zeitlang alle Tage Regen, danach große Dürre; ist er aber trocken, so ist es nicht so übermäßig feucht, darauf ebenfalls trocken oder dürr. Darum ist [im Fall einer Sonnenfinsternis] auf die Partikular-Witterung so genau nicht zu gehen, wie sie von Tag zu Tag gesetzt ist, sondern man muß alle Umstände zugleich observieren oder beobachten.

Die andere Regel ist, daß man fleißig in Obacht nehme,

zu welcher Stund der Neumond eintrete; denn alle Stunden, sowohl bei Tag als bei Nacht, regiert ein gewisser Planet; und in dessen Stunde der Mond eintritt, nach dessen Einfluß erfolgt die Witterung.

Wenn der Mond neu wird in der Stunde des Saturn: dieser Monat wird fast kalt und zum größten Teil feucht. Wenn der Mond neu wird in der Stunde des Jupiter, so ist der halbe Monat trocken, der andere Teil fast windig. Wenn er neu wird in der Stunde des Mars, wird der Monat halb trocken und halb zur Feuchtigkeit geneigt. Wenn er neu wird in der Stunde der Sonne, so folgt im Sommer Dürre und heiße Zeit, im Winter aber trockenes und kaltes Wetter bis zum Ende. Wenn der Mond neu wird in der Stunde der Venus, so wird ein Viertel des Monats Regenwetter, im Winter aber feucht oder Schnee. Wenn er sich entzündet in der Stunde des Merkur, ist nichts gewisses daraus zu erkennen, weil sich Merkur dem Jahresregenten angleicht. Wenn er neu wird in der Stunde des Mondes, so folgt im selben Monat Wind und Regen.

Ferner sind noch zwei Dinge zu beobachten.

Das Erste ist: alle Tage hat ein gewisser Planet die Hauptherrschaft über den ganzen Tag; und über jedwede Stunde ein anderer Planet. Der Tagesregent hat zwei eigene Stunden, nämlich die erste und die achte; die anderen Stunden haben andere Planeten. Z.B.: am Samstag hat nach Sonnenaufgang die erste Stunde [von 6 bis 7 Uhr] Saturn, die zweite Jupiter, die dritte Mars, die vierte die Sonne, die fünfte die Venus, die sechste Merkur, die siebte der Mond, die achte wiederum Saturn, die neunte Jupiter; und so fort. Wenn nun der Neumond entsteht in der Stunde eines Planeten, der zugleich der Hauptregent des nämlichen Tages ist, so ist die oben beschriebene Wirkung desto kräftiger; ist aber der Planet, in dessen Stunde das Neulicht [Neumond] wird, nicht zugleich Tagesregent, so ist der Effekt auch nicht so kräftig.

Das ander ist, daß durch den Jahresregenten diese Wirkungen auch etwas beeinflußt werden. Tritt der Jahresregent mit dem Tages- oder Stunden-Regenten überein, so folgt eine starke Wirkung; ist er ihnen zuwider, so können sie auch so kräftig nicht wirken. Wenn es sich nun ergibt, daß die Sonnenfinsternis auch dazu kommt, so wird dies alles umgekehrt, wie oben gemeldet ...«

Diese Beobachtung Knauers muß also auch der Leser und Benutzer seines Hundertjährigen Kalenders nachvollziehen und die Wirkungen von Finsternissen, Neumond, von Tages- und Stundenregenten mitberücksichtigen; dadurch werden die hier folgenden Vorhersagen des Knauerschen Kalenders entsprechend relativiert.

(Der Originaltext des Mauritius Knauer ist überall da, wo er für heutige Leser nur schwer verständlich wäre, in lesbares Deutsch gebracht, ohne daß dabei am Inhalt etwas verändert worden wäre. Unverständliche, im Text aber nicht veränderte Begriffe sind in eckigen Klammern erklärt.)

Die Planetenjahre

21. März 1998 – 20. März 2005

nach dem Immerwährenden
respektive
Hundertjährigen Kalender
von
Abt Mauritius Knauer

MERKUR

21. 3. 1998-20. 3. 1999
21. 3. 2005-20. 3. 2006
21. 3. 2012-20. 3. 2013

Der Merkur ist ein kleiner, glänzender, aber doch nicht weiß scheinender Stern, der sich allezeit bei der Sonne aufhält. Ist von veränderlicher, unbeständiger Natur. Zusammen mit guten Coniunctionen und Aspekten wirkt er gut, mit bösen bös, mit männlichen männlich, mit weiblichen weiblich, mit glücklichen glücklich, mit unglücklichen unglücklich, mit feuchten feucht, mit hitzigen hitzig. Vollendet jährlich seinen Lauf. Doch seine eigene Natur ist kalt und trocken. Er macht den Menschen, die er unter sich hat, lange Finger und verleiht ihnen eine unbeständige Natur, so daß sie immer etwas anderes erdenken und nie zur Ruhe kommen. Zeigen sich arglistig, verschlagen, halten gern hinterm Busch und machen ihre Sache nicht offenherzig. Er ist der Planet der jüngeren Brüder und Knechte, aber auch derjenigen, die einen guten Verstand haben wie Philosophen, Mathematiker, Schreiber,

Kanzler, Kaufleute, Bildhauer und allerlei kunstfertige Meister, Verschmitzte, Betrügerische, Unbeständige, Vorwitzige, Fleißige; gibt Reichtum, der durch Kunst und Kaufmannschaft erworben wird.

Merkur ist der Regent des Hirns, der leiblichen Geister, des Gedächtnisses, der Vorstellungskraft, der Zunge, der Hände und Finger, der Galle, der Gebeine, Schienbeine und der Nerven des Hirns.

Das Jahr des Merkur insgesamt

Das Merkur-Jahr ist im ganzen mehr trocken als feucht, auch mehr kalt als warm, selten fruchtbar.

Frühling. Der ausgehende März ist warm, die Wiesen fangen an zu grünen; aber der April zeigt sich gleich am Anfng bis gegen den 24. trocken, kalt und ungeschlacht [unartig], danach aber schön lieblich und warm. Der Mai hat nach dem Anfang etliche rauhe Tage und ist danach bisweilen warm und schön; meistenteils aber ist der ganze Frühling, wenn er über die Hälfte vorbei ist, bis zum Ende kalt, rauh und so wenig mild, daß sowohl der Wein, als der Winterbau [Wintersaat] in großer Gefahr steht und in der Blüte oft erfriert. Desgleichen können auch die Gartenfrüchte nicht recht fortkommen.

Sommer. Im Sommer gibt es ziemlich viel Regen, von dem die Erde jedoch nicht recht erquickt wird. Aber es gibt immer schöne Tage zwischen dem Regenwetter, so daß Heu und

Getreide eingebracht werden können; doch muß man vorsichtig sein und soll nicht säumen.

Herbst. Der erste Teil des Herbstes bringt viel Regen, frühen Reif und Frost; wenn aber die Hälfte des Oktobers vorüber, so fällt endlich schön trocken Wetter ein und hält bis zum Anfang des Advents an, wiewohl sich bisweilen zwischendurch ein wenig Regen einmischt; deshalb braucht man sowohl mit dem Lesen [von Wein] wie auch mit der Herbstsaat nicht sehr zu eilen.

Winter. Nach dem angenehm schönen Herbst kommt anfangs Dezember auf einmal der Winter. Zuerst schneiet es auf den nassen Boden, und danach gefriert alles; es herrscht große Kälte und Schnee bis in den Februar, der sich etwas lind anläßt. Um die Mitte des Monats aber schneit es wieder zu und ist große Kälte bis um den 4. März. Dann wird es ein wenig lind, schneit aber gleich wieder zu, und bis zum Ende März herrscht große Kälte. Gegen das Ende des Monats gibt es große Sturmwinde. Man muß genügend Futter herbeischaffen.

Wind, Güsse und Ungewitter. Die meisten Winde, die dieses Jahr wehen, kommen von Ost, manchmal von West, selten aber von Nord. Bisweilen kommt im Sommer ein starker Guß, der die Wiesen beschleimt [befeuchtet], aber das ist selten. Dieses Jahr hat fast keine oder doch nur gar wenig Ungewitter, die meisten zu Ende des Sommers.

Partikular-Witterung des Merkur

März: Vom 21. an warmer Regen, den 25. hellt es auf, wird sehr schön und warm, am letzten Tag kühl.

April: Fortwährend bis zum 24. kalt, trocken und ungeschlacht [unartig], so daß am 16. und 17. durch grimmige Kälte aller Rosmarin und Kölnische Nägelein im Garten erfroren sind. Vom 24. bis zum Ende des Monats schön lieblich Wetter, den 27. donnerts das erstemal.

Mai: Bis zum 5. dauert das schöne warme Wetter, danach ist es drei Tage windig und rauh, vom 8. bis 18. schön warm, trocken und große Hitze, wird alles Gewächs [Wachstum] sehr behindert. Die Dürre dauert bis zum 24. den 20. aber ist es kalt und zu Eis gefroren, den 24., ein schöner warmer Tag bis zum 29., von da an herrliche trockene Zeit bis zum Ende des Mai.

Juni: Fängt schön an; den 3. bis zum 9. Regen, danach Frühnebel und schöne Tage bis zum 13. Regenwetter setzt ein und dauert bis zum 22. und 23.; an diesem Tag schön, doch später Donner und Regen. Vom 24. bis zum Ende des Juni Schönwetter und herrliche Wein- und Weizenblüte.

Juli: Fängt an mit großer Hitze, den 4. und 5. dann großes Donnerwetter und Regen; den 6. und 7. Heuwetter, vom 8.-12. Regenwetter, dann nur ein einziger schöner Tag; anschließend wieder Regenwetter bis zum 21. Von da bis zum

27. ist es tagsüber schön, nachts aber kühl und Reif. Den 27. und 28. Donner und Regen, danach sehr warm bis Ende Juli.

August: Fängt mit großer Hitze an, den 4. fällt Regenwetter ein, das mit großen, ungewöhnlichen Sturmwinden bis zum 12. dauert, der ein schöner Tag ist. Darauf wieder Regen bis zum 26, worauf es bis zum Monatsende recht schön und warm bleibt.

September: Anfangs dauert das schöne Wetter noch an, den 3. und 4. starker Regen, danach feines Schönwetter bis zum 9.; da groß Donner und Ungewitter, darauf wieder ziemlich fein bis zum 20. Es folgt gemischtes Wetter bis zum 29.; von da bis zum Ende des Monats starker Regen.

Oktober: Fängt mit Regen an, der bis zum 7. und 8. anhält; von da an zwei schöne warme Tage, den 9. bis zum 14. trüb, warm und regnerisch; den 14., 15. und 16. schön, danach großer Regen bis zum 23., wenn erneut schöne Zeit einfällt. Vom 29. bis zum Ende Oktober neblig und trüb.

November: Fängt schön an, den 4. und 5. großer Wind, danach zwei Tage Regen, doch danach wieder schön, aber bisweilen Nebel bis zum 16. Frost am 16., bald ist es trüb, bald wieder gefroren bis zum 27. Von da bis zum Ende des Monats dauert das Regenwetter an.

Dezember: Wirft gleich den ersten Tag viel Schnee auf den nassen Erdboden und wintert auf einmal alles zu. Danach drei Tage großer Wind und ungestümes Wetter, den 5. wieder viel Schnee, am 6. Aufhellung und dauerhaft grausam kalt bis zum 20. Dann wird alles weich, es gibt Regen, der erste Schnee geht hinweg bei uns, im [Bayrischen] Wald, Bayern und Böhmen bleibt er liegen. Den 29. schneit es wieder zu, und grimmige Kälte folgt.

Januar: Währt fast durchweg grimmige Kälte, es regnet und schneit nicht; man spürt keinen Windhauch bis zum 30., wenn es windig, rieselig und linder wird.
Februar: Am Anfang trüb und lind, vom 4. bis 6. trüb und kalt, den 7. ein schöner lieblicher Tag; doch folgt gleich Regen und großer Wind, den 13. schneit es wieder zu, und große Kälte dauert bis zum 3. März.

März: (Kälte bis zum 3. März.) Den 4. starker Regen, den 5. abends wieder viel Schnee, danach große Kälte bis zum 20. An diesem Tag geht das Jahr des Merkur zu Ende, und das Jahr des Mondes beginnt.

MOND

21. 3. 1999-20. 3. 2000
21. 3. 2006-20. 3. 2007
21. 3. 2013-20. 3. 2014

Der Mond ist von angenehmer Farbe, unterschiedlich dick, eine Zier der Nacht, Mutter des Taues und Spenderin der Feuchtigkeit, ein weiblicher Planet. Als unterster Planet vollendet er seinen Lauf alle 28 Tag 7 Stunden 43 Minuten, wird unter die fortunas [glückbringende Planeten] gezählt. Ist kalt und feucht, also etwas wenig warm dabei; macht Leut' [die unter seinem Zeichen geboren sind] unbeständig, auch arbeitsam; es sind Schiffsleute und andere einfache Menschen, die gern reisen und überhaupt unbeständig im Leben sind. Hat Einfluß auf Königinnen, Wittweiber [Witwen], Mütter, Eheweiber, den gemeinen Pöstel [einfaches Volk] und alle, die in ständiger Bewegung sind: Postreiter, Boten, Gesandte, Umschweifende, Fischer, dazu Kleinmütige [wenig Mutige]. Herr über alles, was viel Feuchtigkeit hat, als da ist das Meer und Wasserflüsse und dergleichen.

Regiert das Hirn, das linke Auge der Männer und das rechte der Weiber, den Magen, Bauch, die linke Seite, das Gedärm, die Blase, den Geschmack, die Geburtsglieder, die Leber der Weiber.

Das Jahr des Mondes insgesamt

Das Jahr des Mondes, das lunarische, ist allgemein mehr feucht als trocken, auch mehr kalt als warm, obwohl der Sommer sehr warm, öfters aber kalt.

Frühling. Der Frühling ist sehr feucht, aber auch warm, doch mit gelegentlichem Frost, der ganze März ist kalt, der April ist vom Anfang an bis gegen den 14. mit vielem Regen begabt, an schönen warmen Tagen sind nur zwei oder drei. Danach etliche Tage rauh und kalt, dann wieder schön und gegen das Ende hin lauter Regen.

Fällt um diese Zeit aber wenig Regen, so kommt er im Juni oder Juli desto mehr. Der Mai ist von Anfang bis gegen den 16. schön mit großer Hitze, auch etwas Regen. Es folgt große Kälte mit Prellen [Hagelkörner], Reif und Eis bis gegen den 25., danach wieder kalter Regen. Der Juni ist sehr fein, aber zu Zeiten mit Regen angefüllt.

Sommer. Der Sommer ist zu Zeiten sehr warm, doch spät und kurz, öfter aber auch kalt und bis Bartholomäus naß. Anfang September ist es ganz ähnlich, der bringt vom 7. bis 14. starken Reif und Frost, im übrigen ist er bald feucht, bald schön und warm. Wenn im letztvergangenen Venusjahr, welches zwei Jahre vor dem Mondjahr liegt, der Sommer trocken gewesen ist, so wird dieser feucht, und es regnet bis zum Ende August. War der letzte Venus-Sommer aber feucht, so wird dieser 6 oder 7 Wochen lang schön, besonders wenn es im Frühling eine Sonnenfinsternis gegeben hat.

Herbst. Der Herbst ist kalt, anfänglich feucht und unbeständig dazu, ab 14. Oktober wird es sehr kalt und friert beständig mit gelegentlichem Schnee und etwas Regen. Der November fängt an mit starkem Regen, danach friert es, nach der Monatsmitte kommt lindes Wetter, gegen Ende des Monats wintert es recht zu.

Winter. Der Winter ist anfangs mittelmäßig kalt, danach ganz feucht und regnerisch, der Dezember bringt bald Schnee, darauf große Regengüsse. Nach dem 20. ist es ziemlich kalt, doch trüb bis um den 12. Januar. Danach ist es zwar etwas lind, doch folgt wiederum Kälte bis gegen den 25. Es gibt große Regengüsse, dann wird es wieder etwas kalt, nach Anfang Februar wiederum großer Regen, darauf viel Schnee. Etliche Tage später wiederum große Güsse. Vom 17. Februar an fällt lindes Wetter ein mit schönen warmen Tagen vermischt bis zum Monatsende.

Der März ist anfänglich rauh und kalt, danach sehr warm, später wird es endlich hell, wieder kalt und rauh. In diesem Winter sterben die Schafe sehr, wie auch die Bienen.

Wind, Güsse und Ungewitter. Im Winter hat es großen Wind und ungewöhnlich viele starke Regengüsse, im Frühling und Sommer gibt es nicht viele Ungewitter; es kommen zwar etliche, doch die richten kaum merklichen Schaden an.

Partikular-Witterung des Mondes

März: Der 20. hat mit rauhem Wetter und Sturmwinden angefangen; das währt bis zum 29., am 30. Regen.

April: Vom 1. bis zum 9. windig, trüb, Regen, den 14. bis 20. rauh und kalt, am 21. bis 25. schön Wetter, etwas windig, am 26. bis zum Ende Regen.

Mai: Fängt mit herrlich schöner warmer Zeit an; bis zum 9. dauert die sehr große Hitze wie in den Hundstagen, am 10. bis 13. Regen, den 14. und 15. schöne Tage, am 16. Regen, danach kalt, den 23. viermal geprellt [gehagelt] und sehr kalt, den 24. Reif und Eis, am 25. bis 27. stark geregnet, am 28. und 29. kalt, am 30. und 31. schön warm.

Juni: Fängt an mit herrlich schönem Wetter, das bis zum 4. dauert; den 5. großer Nebel, 6. starker Regen, danach schön warm Wetter, zweimal mit etwas Regen vermischt bis zum 27.; 28. und 29. Regen, 30. sehr kalte Nacht.

Juli: Beginnt den 1. mit Nebel, 2. bis 5. unbeständiges Wetter mit Regen. 7. bis 13. windig, kühl, bewölkt, auch mit Sonnenschein, 14. großer Platzregen, danach schwül und schön warm Wetter bis 31., an dem es zwei Stunden geregnet.

August: Bis zum 8. schön und sehr warm, 9., 10. und 11. Regen und trüb, 12. bis 20. große unleidliche Hitze, 22. bis 26. Regenwetter; vom 27. bis zum Ende schön und heiß.

September: Schön und warm bis zum 6.; den 7. ist es am Morgen so stark bereift, daß das Gras gefroren ist; das hat gewähret bis auf den 13., wo es Eis gab; den 14. hat es stark geregnet. Am 15. und 16. schön, am 17. den ganzen Tag Regen, danach wiederum schön bis zum 21., danach trüb und Regen bis zum Ende.

Oktober: Unbeständig bis zum 13.; den 14. bis 22. sehr kalt und hart gefroren in einem Stück, den 23. und 24. wenig Regen und etwas gefroren. Am 26., 27. und 28. Regen und Schnee immerfort, am 29. und 30. kalt und gefroren, am 31. Regen.

November: Den 1. bis 5. starker Regen, den 6. bis 20. hell und kalt, sogar gefroren, den 12. Glatteis in der Früh und abends Nebel. Am 21. bis 28. lind, am 29. gefriert es recht und wintert zu.

Dezember: Den 1. kalt, den 3. Schnee, den 4. bis 10. stetiger Regen und viel Wasser; am 11. und 12. hat es Tag und Nacht geregnet, den 13. bis 19. trüb ohne Regen und warm, am 20.

ziemlich viel Schnee. Vom 21. bis zum Ende des Dezember ziemlich kalt und mehr trüb als hell.

Januar: Das vorherige Wetter dauert bis zum 11. des Monats; vom 12. bis 18. trüb, lind, mild, am 19. hart gefroren. Danach hell und kalt bis zum 24. Den 25. fängt es an zu regnen, geht auf [der Frost]. Am 27. und 28. große Wassergüsse, danach bis zum Ende des Monats still und leidliche Kälte.

Februar: Am 1. großer Wind, den 2. und 3. Regen in Güssen. Vom 4. bis 10. trüb und lind, bisweilen rieselts, am 12. und 13. grausamer Wind. Am 14. starke Schneefälle; am 15. und 16. nimmt Wind und Regen den Schnee weg, große Regengüsse. Vom 17. bis 19. trüb, warm, Wind, Regen. Am 20. und 21. zwei schöne Fastentage, am 22., 23. etwas rauh und windig. Am 24. bis Monatsende schöne Tage.

März: Vom 1. bis 5. rauh, windig und ziemlich kalt; den 6. nachmittags warm wie im Sommer, diese Witterung hält bis zum 9. und 10. an. Dann kalter Regen, vom 11. bis 16. schöne Tage mit etwas Wind; vom 17. bis 24. allzeit in der Früh gefroren, dabei hell und rauh.

SATURN

21. 3. 2000-20. 3. 2001
21. 3. 2007-20. 3. 2008
21. 3. 2014-20. 3. 2015

Saturnus ist unter den Planeten der erste und höchste Planetstern, an Farbe braun und bleich, von dunklem Licht. Von den anderen Planeten wird er, da er auch von der Sonne am weitesten abliegt, am wenigsten gesehen. Vollendet seinen Lauf alle dreißig Jahr nur einmal. Ist von kalter Natur und ziemlich trocken, ja so kalt, daß etliche über ihn schreiben, wenn er so nahe bei der Erde stünde wie der Mond, müßte auf Erden allezeit Winter sein und nie Sommer. Ist ein männlicher, melancholischer, irdischer und böser Planet, welcher der menschlichen Natur feindlich und schädlich ist. Auch in seinen Wirkungen ist er langsam, und man nennt ihn infortuna maior [größeres Unglück].

Saturn ist der Schirmherr der alten Leut, der Väter, Ahnherrn und Urahnherrn, der Ackerleut, Bettler, Juden, Bergleut, Lederer, Hafner und dergleichen anderer, die tiefe

Gedanken haben. Die Leute, die ihm untergeben und unter ihm [also in einem Saturn-Jahr] geboren, macht er schwarz, braun, bleich und erdfarben; sie schlagen die Augen nieder, sind am Leib mager, etwas krumm oder sogar bucklig; haben kleine Augen, einen dünnen Bart, sind verzagt und schreckhaft, stillschweigend, abergläubisch, manchmal sogar betrügerisch, neidisch und geizig; dazu traurig, arbeitsam, arm, verachtet, unglückselig, melancholisch, hartnäckig, einsam, nachstellig, gefräßig. Saturn bringt oft mit sich Gefängnis, lange Krankheiten und heimliche Feinde.

Unter den Gliedern des menschlichen Leibes unterstehen dem Planet Saturn das rechte Ohr, die Milz, die Blase, die Beine und Zähne.

Das Jahr des Saturn insgesamt

Das Saturnische Jahr ist ein kaltes und feuchtes Jahr. Zeigt es sich zu gewissen Zeiten ziemlich trocken, bringt es doch größtenteils, sonderlich im August und Herbst, viel Regen und ist daher ein kaltes, unwirtliches Jahr.

Frühling. Fängt an den 20. März und währet bis auf den 21. Juni. Der Frühling ist ganz trocken und bis in den Mai hinein sehr kalt. Wenn auch der April sich anfänglich recht warm anläßt, so fällt doch wieder Kälte ein, die bis in den Mai dauert. Im Mai sind die Tage schön, die Nächte kalt, daher entsteht große Dürre, obwohl es bisweilen zu einem Wetterregen kommt. Es gibt auch schädlichen Reif. Dem Frühlingsende zu zeigt sich ein ziemlich annehmliches und warmes Wetter, mit Regen vermischt. Gras und Blumenwerk kommen spät.

Sommer. Fängt an am 21. Juni und währet bis auf den 23. September. Der Sommer ist meistensteils kalt, der August bringt alle Zeit ein paar Wochen lang stetiges Regenwetter und ist daher unfruchtbar. Doch ist der Heumond [Juli] mehr als die Hälfte der Zeit sehr warm und schön, im übrigen aber fast kontinuierlich feucht mit Sturmwind und Platzregen, besonders wenn der vorhergehende lunarische Sommer warm gewesen. So ist also das Getreide mit großer Vorsicht einzubringen und kein Feiertag zu schonen.

Herbst. Fängt an den 23. September und währet bis auf den 20. Dezember. Der Herbst ist sehr kalt und feucht mit zeitigem Frost, doch folgt wieder bald großes Regenwetter. Wenn die Hälfte des Oktober vorüber, fängt große Kälte an; aber im November ist's feucht und ziemlich warm.

Winter. Fängt an den 20. Dezember und währet bis auf den 20. März des künftigen Jahres. Ist anfänglich feucht mit Regen und großen Güssen, gegen den 20. Dezember wintert es zu mit großem Schnee und Kälte und gehet so fort bis in den April. Daher soll man sich mit genügend Futter für die Schafe versehen, weil sie in diesem Winter nicht ausgetrieben werden können. Ebenso soll man sich mit Holz gut versehen und solches zeitig hereinbringen lassen.

Wind, Güsse und Ungewitter. Es hat zwei oder dreimal im Jahr große Winde, große Regen und viel Güsse – vornehmlich im Herbst und ausgehenden Sommer, wenn der vorige Sommer warm gewesen ist – aber nicht viele Ungewitter mit Donner und Blitz. Doch gibt es einige mit gefährlichem Hagel, vor allem im Frühling. Die im Sommer bergen meistenteils keine Gefahr.

Partikular-Witterung des Saturn

März: Ist vom 21. bis zum Monatsende rauh, frostig un täglich kälter; am 29. und 30. Schnee und kalt dazu.

April: Ist bis den 3. sehr kalt, den 4. ein schöner, warmer, heller Tag, den 5. bis 8. trüb und Regen, den 9. bis 16. sehr kalt, hell und windig. Am 17. ziemlich Regen, am 18., 19., 20. sehr rauh und kalt, den 21. warm und geschwülig [schwül], am 22., 23., 24. trüb, warm, Regen und Sonnenschein, den 25., 26., 27. schön und geschwülig, am 28. Regen, danach schön warm.

Mai: Den 1. des Monats Donner und Regen, den 2. am Morgen kalt, sonst schön, den 3. Donner und Platzregen, den 4. unbeständig und kühl, den 5. in der Früh großer Reif, der Tag hell und kühl; vom 6. bis 25. schön, aber nachts kühl, tagsüber sehr warm, große Dürre. Am 26. rauh, den 27., 28., 29. trüb und Regen, am 30. starker, schädlicher Reif, am 31. sehr windig, abends Regen.

Juni: Vom 1. bis 3. sehr rauh und kalt, am 4., 5. kalte Regen, am 6., 7., 8. warme Regen mit Sonnenschein, am 9. und 10. schön, den 11. bis 15. geschwülig, auch Regen. Den 16. Donner und Platzregen, den 18. ebenso, den 19., 20. schön warm, feucht, Sonnenschein, am 21 bis 25. Regen, am 26., 27. herrlich schön, am 28. Wetter [Regenschauer]. Am 29. herrlich schön, am 30. trüb.

Juli: Den 1. trüb und rauh, den 2. Regen, den 3. bis 9. große Hitze und schön, den 9. nachts zwei Ungewitter und lange, schwere Platzregen. Den 10. starker Regen, vom 11. bis 27. große Hitze ohne Regen, den 28. langer und starker Regen, den 30. und 31. Regen.

August: Den 1. trüb und wenig Regen, am 2., 3., 4. herrlich schön, nachts kühl. Den 5. Donner und Platzregen, am 6. ziemlich schön, den 7. bis 13. täglich Regen, am 14., 15., 16. schön, am 17. groß Wetter mit Donner, Sturmwind und Platzregen. Vom 18. bis zu End kontinuierlich starkes Regenwetter, das Getreide wächst auf dem Feld aus, das Stroh verfault.

September: Den 1. bis 8. herrlich schön, den 9. nach Mitternacht ein schreckliches Wetter. Am 10., 11. wolkig mit Regen, am 12. schön, am 13. Regen, den 14. schön warm. Am 15., 16., 17. starkes Regenwetter. Den 18. bis 23. hell, nachts klar, den 24. bis 29. Regen, am 30. aufgehellt.

Oktober: Den 1., 2., 3. hell, windig, in der Früh hart gefroren; am 4. Regen, den 5. warm und Donner. Am 6., 7. achtundvierzig Stunden unaufhörliche Regengüsse. Den 8., 9., 10., 11. wolkig ohne Regen, am 12., 13. gereift und gefroren. Am 14. hell und warm, am 15. wolkig, den 16. bis 26. wolkig ohne Frost. Am 28. früh Nebel, nachts sehr kalt wie im Winter mit Sturmwind, also dann bis zum Ende des Monats schon dickes Eis.

November: Am 1. hell und sehr kalt, am 2., 3. Regen, den 4. bis 7. fein Wetter. Vom 8. bis 11. Regen, am 12. Wind, am 14., 15. kleine Regengüsse. Den 16. bis 21. täglich Regen. Am 21. hart gefroren, am 22. in der Früh kalt, danach Regen. Am 23. Regen, den 24. ein schöner, lustiger Herbsttag, am 25. tagsüber schön, nachts Regen. Am 26., 27. wie am 28., 29. feines Wetter, am 30. windig.

Dezember: Am 1. hell und sehr kalt, am 2. Schnee, am 4. hellet sichs auf. Der 5. ein ganzer Tag mit Regen, nimmt den Schnee. Am 6., 7., 8. warm und trüb, am 9. starker Regen. Der 10. ein herrlich schöner warmer Frühlingstag. Am 11. windig, am 12. starke Regengüsse; 15. bis 18. trüb, 19. hell und gefroren, es wintert zu. Den 19. bis 29. hell, still, sehr kalt ohne Schnee. Am 30. und 31. in der Früh Nebel, später trüb.

Januar: Den 1. bis 4. trüb und mittelkalt. Am 5. Schnee und Regen, aber der Schnee bleibt. Am 6. etwas Schnee, allhier hat der Schnee angefangen und ist lange liegen geblieben.

Am 7., 8., 9. trüb, am 10. Schnee, am 11., 12. Wind und trüb, am 13. Schnee. Der 14., 15., 16. trüb und mittelkalt, am 17. hell, am 19. hell und kalt. Den 20. grimmige Kälte, den 21., 22. Wind und Schnee. Am 23., 24. hell und sehr kalt, am 25. und 26. unerhörte Kälte. Vom 27. bis 30. Schnee und sehr windig, am 31. übergrimmige Kälte.

Februar: Am 1., 2., 3., 4. sehr kalt, am 6. Schnee, nachts kalt; am 7. kälter denn jemals, in allen Kellern gefroren. Ebenso den 8., 9., dieser Tag hat alle anderen an Kälte übertroffen, sind viel Menschen, Vieh und Vögel erfroren, besonders fast alle Amseln. Der 10. etwas milder, doch grimmig kalt. 11. bis 13. starker Wind und Schnee, doch sehr kalt. Am 14. trüb, am 15., 16. ziemlich viel Schnee. Am 17. trüb, lind, mit gar wenig Schnee, nachts aber kalt. Am 18. trüb, am 19. warm und fein. Vom 20. bis 27. Regen, da hat der großmächtige Schnee meistenteils abgenommen.

Am 28. dieses Monats ist etwas Bemerkenswertes gewesen, das weitläufiger zu beschreiben ist: In der Früh hat es ein Morgenrot gehabt und ein klein wenig mit Frost angezogen. Um 10 Uhr kam ein Platzregen, zwischen 11 und 12 ein rechtes Formalwetter [normales Wetter]. Dann hat es bald nacheinander siebenmal gedonnert und ein einziges Mal gab es ein wenig Wetterleuchten. Zuletzt hat es drei Vaterunser lang große Kiesel [Hagelkörner] geworfen, fast alle so groß wie die welschen Nüsse [Walnüsse]. Darauf hat es eine halbe Viertelstunde lang geregnet, und danach war alles wieder still. Ist zuvor kein sonderlicher Wind gegangen, abends wieder Sonnenschein und Wind, ziemlich kalt. Da es dunkel werden wollte, hat es wieder gedonnert, geblitzt mit Sturmwind, Platzregen und kleinen Kieseln. Nachts starker Regen und zwischendurch Schnee, daneben immerzu grausamer Wind. Also ist dieser Monat Februar beschlossen worden.

März: Am 1. großer Wind, dabei in der Früh Schnee, abends Regen und Schnee, kalt. Den 2. und 3. schöner Sonnenschein, am 4. bis 7. Regen, am 8. trüb, windig. Den 9. warm, nachts kalter Regen, am 10. Schnee, am 11. rauh, am 12., 13. schön, aber in der Früh hart gefroren. Am 14. Schneebuzen [Graupel]. Am 15., 16. hell und kalt, am 17. windig und sehr scharfe Luft, den 18. ebenso. Am 19. sehr kalt, doch hat es tiefen Schnee geworfen und war windig. Am 20. kalt, windig, Schnee.

JUPITER

21. 3. 2001-20. 3. 2002
21. 3. 2008-20. 3. 2009
21. 3. 2015-20. 3. 2016

Jupiter ist der nächste Planetstern nach dem Saturn, an Gestalt groß, schön und klar, vollendet seinen Lauf alle zwölf Jahr einmal. Seine Natur ist warm und feucht, mittelmäßig sanguinisch [lebhaft, heiter] und lüftig. Jupiter ist ein männlicher und der menschlichen Natur geneigter und freundlicher Stern. Er wird fortuna maior [größeres Glück] genannt, unter ihm Geborene sind weiße, schöne und wohlgestaltete Leut, von gutem Gemüt, verständig in ihren Werken, gerecht, freigebig, reich, getreu und glückselig. Er bedeutet Hoffart, Reichtum, Ehr, Lob, Kinder, Kardinal, Bischof, Prälaten, Richter und Vorsteher.

Im menschlichen Leib herrscht er über die Lunge, Leber, Gerippe, Krosel [Knorpel], Pulsader und den menschlichen Samen.

Das Jahr des Jupiter insgesamt

Das Jovialisch Jahr [Jupiter-Jahr] ist ein ziemlich warmes und mehr feuchtes als trockenes Jahr. Weil aber der Saturn, sein Vorfahr, mit seinem langwierigen Winter und grimmiger Kälte im Frühling lang nachwirkt, gibt es ein spätes Jahr, so daß also manchmal in diesem Jahr alle Früchte drei Wochen später als sonst in anderen Jahren herfürwachsen.

Frühling. Der Frühling ist bis in den Mai kalt und feucht, in der Mitte zehn oder zwölf Tage lang fein temperiert und geschlacht [wohlgeartet], nachmals aber bis zum Ende kalt und feucht.

Sommer. Der Sommer ist anfänglich kalt und feucht, in der Mitte warm und gut mit vielen Donnerwettern vermischt, zu Ende ganz hitzig. Wenn im Jovialischen Jahr ein dürrer Sommer ist, welches in 28 Jahren einmal geschieht, so wird darauf das Getreide teuer. Es hat aber nie einen dürren Sommer gegeben, außer wenn im Februar, März, April oder Mai eine Sonnenfinsternis gewesen.

Herbst. Der Herbst ist durch und durch feucht und mit stetigem Regen angefüllt, es sei denn zuvor ist eine sichtbare Sonnenfinsternis gewesen.

Winter. Der Winter ist anfänglich etliche wenige Tage ganz kalt und hat viel Schnee; danach aber ist es bis zum End ganz lind und ohne Schnee, doch mit vielen Winden erfüllt.

Partikular-Witterung des Jupiter

März: Vom 21. bis 23. ist es sehr kalt gewesen, vom 24. bis zum End in der Früh allezeit hart gefroren, tagsüber hat es getauet.

April: Ist von Anfang an kalt, am 3. und 4. sehr schön und warm, am 6. und 7. windig und Platzregen. Von 8. bis 11. schön warm, am 12. Güsse und Gewitter. Am 13. und 14. schön, danach Regenwetter mit Donner bis zum 21. Den 22. und 23. rauhe Rhönluft, am 23., 24., 25. sehr kalter und großer Regen. Vom 26. bis 29. sehr rauh und kalt, dabei trüb, am 29., 30. Güsse.

Mai: Der 1., 2. rauh, windig, kalt; vom 3. bis 14. schön warm Wetter mit wenig Donner und Regen vermischt. Vom 15. bis 22. Kälte, Regen, Prellen [Hagelkörner]. Am 23. in der Früh Eis gefroren, am 25. bis 27. schön genug. Am 28., 29. kalt und etwas Regen, am 30. Reif und Eis, danach kalter Regen und Schnee den ganzen Tag.

Juni: Fängt den ersten Tag schön an, den nächsten Tag großer Regen und Güsse, vom 4. bis 6. rauh. Den 7. ein schöner, warmer Tag, der 8. unbeständig. Vom 9. bis 14. in der Früh kühl, abends wärmer. Den 15. Tag und Nacht Regen, vom 16. bis 20. in der Früh allezeit sehr kalt. 21. und 22. sind schöne warme Tage, am 23., 24. steter Regen. Am 25. sehr kalt, vom 26. bis zum Monatsende Regen.

Juli: Der 1. und 2. kalt, trüb, am 3., 4. warm, am 5., 6. sehr kalt. Vom 7. bis 17. schöne warme Zeit, am 18., 19., 20., 21. Regen, vom 22. bis zu Ende des Juli schön warm und hitzig.

August: Vom 1. bis 6. schön warm, am 7. den ganzen Tag Regen. Vom 8. bis 11. trüb und wenig Regen, am 12. Platzregen, am 13. schön. Den 14. ist nachts Reif und Eis, am 15. Donner, Blitz und Platzregen. Am 16., 17. kalter Regen, vom 18. bis 24. schön und sehr warm. Vom 25. bis 28. täglich Donner mit großem Regen, am 29. schön, am 30., 31. Regen.

September: Vom 1. bis 4. warm Wetter, den 4. nachts Donner und Platzregen, am 5. bis 8. hell, schön, windig. Am 9. etwas Regen, am 10., 11. kühl und windig. Vom 13. bis 16. Regen, vom 17. bis 26. schön warm wie im Sommer, vom 27. bis zum Ende des Monats Regen.

Oktober: Vom 1. bis 14. Regenwetter und ziemlich kalt. Am 15. nachts Schnee, vom 15. bis 21. Regen und daneben windig, danach bis zum Ende des Oktober fein genug und warm.

November: Am 1. schön, am 2. und 3. in der Früh gefroren, hell. Vom 4. bis 6. schöne warme Tage, den 6. ganze Nacht Regen, vom 7. bis 13. trüb, kalt und bisweilen wenig Riesel [Nieselregen]. Am 14. windig, trüb, Regen, am 15. großer Wind und Schnee. Vom 16. bis 19. unbeständig, vom 20. bis 27. starker Regen, teilweise mit Schnee vermischt, Güsse. Am 28. ziemlich schön, am 29., 30. trüb und kalt.

Dezember: Am 1. und 2. zugeschneit, vom 3. bis 8. unbeständig. Am 9. nachts große Kälte eingefallen, am 10. große, überaus kalte Winde und großer Schnee und Kälte. Am 11., 12. grimmige Kälte, am 13., 14. Schnee und etwas linder. Am 15. hell und sehr kalt, vom 16. bis 19. trüb und gar nicht kalt. Am 20. trüb und sehr kalt, vom 21. bis 28. Regen und lind; geht bei uns aller Schnee hinweg, im Wald [Bayerischen Wald] bleibt er liegen. Vom 29. bis Monatsende kalt mit wenig Schnee.

Januar: 1., 2., 3. trüb, mittelmäßig kalt. Vom 4. bis 6. großer Regen, am 7., 8., 9. mittelkalt, am 10. Regen und Schneebuzen [Graupel]. Vom 11. bis 17. unbeständig mit Wind, vom 18. bis 22. Regen, kleine Güsse, vom 23. bis Monatsende unbeständig mit Regen, Wind, Schnee und Nebel.

Februar: Vom 1. bis 6. trüb, Regen, Nebel, Wind. Am 7. hell und ziemlich kalt, vom 8. bis 11. trüb, Regen, Schnee. Vom 12. bis 16. hell und klar, am 17. Regen oder Schnee. Vom 18. bis 21. kalte Winde, vom 22. bis 26. hell, in der Früh kalt und gefroren, aber nachmittags lieblich. Am 27. trüb, nachts kalter Regen, am 28. rauh und kalt.

März: Vom 1. bis 7. rauh, kalt und windig. Vom 8. bis 17. sehr kalt, obschon kein Schnee liegt. Am 18., 19. Wind, Schnee, Regen, am 20., 21. hell und vormittags sehr kalt. Vom 22. bis 30. kalt mit wenig Schnee und Wind und zuletzt Nebel.

MARS

21. 3. 2002-20. 3. 2003
21. 3. 2009-20. 3. 2010
21. 3. 2016-20. 3. 2017

Der Mars ist ein heller und wie ein feuerbrennender und glänzender, und erschrecklicher Stern. Vollendet alle zwei Jahre einmal seinen Lauf. Seine Natur ist sehr hitzig und trocken, ohne Temperament, gallig und cholerisch. Ist ein männlicher Planet, der menschlichen Natur zuwider, und ein böser Anstifter des Kriegs, Haders und Zankes und allerlei Zwiespalt, Infortuna minor [kleineres Unglück] genannt, hat den nächsten Ort nach dem Jupiter. Er hat unter sich das Kriegswesen, Victori und Sieg, die Alchimisterei, Schmied und Schlosser und allerlei Handwerker, die mit und in dem Feuer arbeiten; desgleichen alle Gewalt, Tyrannei und Gewalttaten. Unter dem Zeichen des Mars Geborene sind furiose und wütende Leut, besonders die rote Haare haben. Desgleichen jähe [jähzornige], cholerische, kecke, vermessene, geschwätzige, verschwenderische, kriegerische, schmähende, aufrührerische, Verschwörungen ausheckende, grausam unverschämte Räuber und dergleichen. Patron der Bader und Barbiere, Büttel und Stallknechte, Kriegsherren und Befehlshaber, Waffenschmiede und Büchsenmacher. Macht seine Untertanen braun und schwarzgelb an der Farb.

Im menschlichen Körper regiert er das linke Ohr, die Galle, Nieren, Adern, innere Geschlechtsorgane und Hoden.

Das Jahr des Mars insgesamt

Das martialische Jahr ist gewöhnlich mehr trocken als feucht; denn obwohl es schon zu gewissen Zeiten regnet, gibt es doch mehr trockene Tage.

Frühling. Der Frühling ist gewöhnlich trocken, rauh und kalt; und man soll darauf Obacht haben, daß man die Schafe nicht auf den Samen und auch nicht zu lang auf die Wiesen gehen läßt, sonst wird gar wenig wachsen. Dieser Frühling hat viel Reif, rauhe, wilde Luft bis zum 8. Juni, die dem Wein und allen Früchten schädlich ist.

Sommer. Der Mars hat unter allen Planeten den hitzigsten Sommer, also daß bisweilen, wenn auch nicht immer, die Sonne das dürre Holz in den Wäldern vor großer Hitze anzündet; und es sind nicht allein die Tage sehr hitzig, sondern auch die Nächte sehr warm und unangenehm; Flüsse und Brunnquellen haben wenig Wasser.

Herbst. Der Herbst ist unterschiedlich, bisweilen mehr trocken als feucht. Wenn das eintritt, wächst ein großer Wein. Öfter aber ist der Herbst kühl und naß. Vor dem Advent schneit es selten zu; auch wenn es schon früher, besonders im Oktober, manchmal friert, ist doch der November größtenteils warm.

Winter. Der Winter ist ziemlich kalt und mehr trocken als feucht. Das Wetter ist ganz unbeständig, bald große Kälte, bald Regen, bald Schnee, so geht es fast den ganzen Winter lang.

Wind, Güsse und Ungewitter. Dieses Jahr gibt es viele große, schwere, gefährliche Ungewitter mit großem Sturmbrausen und Kieseln [Hagel], die nicht allein den Früchten schädlich sind, sondern auch gewöhnlich einschlagen, Häuser entzünden und Feuersbrunst verursachen; es gibt aber keine Güsse.

Partikular-Witterung des Mars

März: Von der Tag- und Nachtgleiche an, also ab 21. März pflegt es in der Früh hart zu gefrieren, die Tage sind aber meistenteils schön und lustig.

April: Pflegt bis zum 16. in der Früh zu gefrieren, tagsüber herrscht rauhes Wetter mit Schnee. Darauf tritt milderes Wetter mit Regen ein bis zum 22. des Monats. Dann wieder Reif und rauhes Wetter bis auf den 29., wo es anfängt, schön lustig und warm zu werden.

Mai: Der Mai fängt am anderen Tag [am 2.] mit Donner an, es folgt wieder rauhes, trübes und kühles Wetter bis auf den 7. Darauf drei Tage wieder lind, am 10. gefriert es nachts. Es folgen wilde, rauhe, trübe, ungestüme Tage mit Reif bis zum 19. Darauf kommt schönes warmes Wetter. Den 29. Rauhreif und den 30. Frost.

Juni: Fängt mit Reif an, es folgt darauf trübes, windiges, unbeständiges Wetter mit Regen; die Regen aber sind alle ungeschlacht [unartig]; am 8. Reif, den 9. schön, warm; dieses warme Wetter mit gelegentlichem Donnern dauert bisweilen den ganzen Monat.

Juli: Fängt mit großer Hitze, sowohl bei Tag als bei Nacht an. Zugleich fast täglich viel Kiesel [Hagel], Blitzschlag mit Feuer. Bis zum 11. schön, darauf trüb und etwas kühleres Wetter mit Regen bis zum 21. Bis 27. folgt wieder warmes, helles Wetter, darauf Regenwetter bis Ende des Juli.

August: In der Früh fängt es mit Nebel an, die Tage sind schön, warm und hitzig. Der ganze Monat schön warm und trocken, doch etliche Gewitter.

September: Fängt an mit herrlichem, schönem, warmem Wetter bis zum 13., dann setzt etwas kühles, herbstliches Wetter mit Regen ein. Bald wieder schön und lustig Wetter bis 27.; dann kommt trübes Regenwetter.

Oktober: Zu Anfang ungeschlachtes [unartiges] Wetter, den 4. Reif, darauf gemischtes Wetter bis 16. Danach ein schöner Sommertag. Den 24. kommt Frost, darauf wieder schönes Wetter. Vom 27. bis 30. ziemlich hart gefroren.

November: Frost von Anfang an bis zum 9., nachmittags aber meist schön und warm. Ab 9. fängt trübes Wetter mit Regen und Nebel an, dauert bis 22. Danach gefriert es wieder bis zum 29., nachmittags aber Sonnenschein.

Dezember: Fängt mit Frost an, bald trüb, Regen und Glatteis. Den 10. Schnee, darauf hart gefroren bis zum 18.; an diesem Tag Regen, aber gleich wieder sehr kalt bis zum Ende des Dezember.

Januar: Beginnt mit Kälte, am 4. taut es, doch gleich folgt wieder Kälte. Am 15. Glatteis für etliche Tage. Den 19. Schnee, darauf vermischtes Wetter bis zum 27. Von da bis zum Monatsende Regenwetter und Schnee.

Februar: Fängt an mit trübem Wetter und Regen; am 9., 10. und 11. schön lieblich Wetter, gefolgt von drei Tage Schnee. Darauf sehr kalt bis zum 27., wo es zu regnen angefangen.

März: Regen bis 7. März, dann drei Tage Schnee, darauf wieder Frost. Den 10. Regen, Kiesel [Hagel], Schnee. Dann hart gefroren bis zum 17. Darauf folgt Regenwetter.

SONNE

21. 3. 2003-20. 3. 2004
21. 3. 2010-20. 3. 2011
21. 3. 2017-20. 3. 2018

Die liebe Sonne ist das Aug und Leben der ganzen Welt, klarscheinend und leuchtend, wie jedermann weiß, hat sowohl im Auf- als auch im Niedergang neben sich hergehen den Stern, der Venus genannt. Die Sonne bewirkt temperierte und trokkene Wärme. Sie ist männlich, mittelmäßig warm und trocken. Ist ein gütiger Planet, wenn er gute Aspekten hat; doch bös, wenn er böse Aspekten hat. Sie bewirkt, daß die Leute safranfarbig und schön, kraus, stark, fromm, großmütig, bedachtsam, ruhig, groß, geehrt werden. Sie gibt langes Leben, gesunden Leib, aufrichtiges und gutes Gemüt, königliche Würden, Reichtum und Ehr, mehr als andere Planeten. Die Sonne ist Patronin der Könige, Fürsten, Grafen, Freiherrn, Hofherrn, der Obrigkeit und anderer vornehmer und vorsichtiger Herrn. Desgleichen der Ehrgeizigen, die nach Ehren und Würden streben, der Großmütigen, die über andere zu herrschen begehren.

Im menschlichen Körper hat sie unter ihrer Gewalt das Hirn, die Nerven oder Sennadern, das Herz, das rechte Auge der Männer und das linke der Weiber, die Sehnerven und die rechte Seite.

Das Jahr der Sonne insgesamt

Das Solarische Jahr [Sonnenjahr] ist durch und durch mehr trocken als feucht und mittelmäßig warm.

Frühling. Der Frühling ist wohl temperiert, anfänglich ziemlich feucht, besonders im April; dieser Monat ist sehr unterschiedlich und unstet, der Mai aber schön und trocken, zum Ende des Monats mit starkem Reif und Frost. Das Frieren währet weit in den Juni hinein. Daher muß man sehr Obacht geben, daß die Schafe nicht auf den Samen [eingesätes Feld] gelassen und so viel als möglich auch von den Wiesen abgehalten werden.

Sommer. Es ist auch der Juni nicht sicher vor dem Reif, und daneben gibt es große Dürre. Der August ist anfänglich ungestüm, danach aber wiederum hell und still. Die Tage sind in diesem Sommer hitzig, die Nächte aber kühl. Der Sommer ist meistenteils schön, endet aber mit ungestümem Wetter.

Herbst

Der Herbst ist angenehm trocken und schön, es reift und gefrieret zeitig, tagsüber aber ist es warm.

Winter. Der Winter ist mehr trocken als feucht und ziemlich kalt, allerdings nicht übermäßig. Fängt an mit rauhem, unlieblichem Wetter, doch wird es bald wieder besser. Der Februar läßt sich mit lieblichem Wetter an, endet aber mit großer Kälte, die auch in den März hinein währet.

Wind, Güsse und Ungewitter. Der Ost- und Nordwind weht meistenteils dieses Jahr, bisweilen auch der Westwind, der Südwind gar selten. Hat viel Ungewitter mit Donner, Blitz und Hagel, was alles den Früchten sehr gefährlich, es gibt aber keine Güsse.

Partikular-Witterung der Sonne

März: Von der Tag- und Nachtgleiche, also dem 21. an Regen und Schnee bis zum 23. An diesem Tag Frost, danach schön bis zum 27. Darauf trüb und Regen.

April: Fängt sehr schön an bis zum 5., wo es regnet, kieselt [hagelt] und darauf gefriert. Bald wieder alle Tag bis zum Monatsende ganz veränderlich und unstet, ein recht wunderlicher April.

Mai: Den ersten Tag Frost, den 2. bis zum 22. ganz schön und warm; zwischendurch aber Donner und Gewitter, Wärme und Fruchtbarkeit. Am 22. trüb, unlustig und Regen, darauf Kiesel [Hagel] und wenig mild. Vom 29. bis Ende Mai Reif, Eis und Frost. Wenn der Wein nicht so großes Laub gehabt hätte, so wäre aller erfroren.

Juni: Anfänglich Reif und rauhe Luft bis zum 7., darauf schön warm bis zum 11., wo es Wind und Regenschauer gibt. Den 13. weißer Reif und Frost, den 17. und 18. wiederum Eis und Reif. Danach warm und hitzig Wetter. Zu Ende des Monats gemischtes Wetter.

Juli: Fängt an mit kühlem Wetter; gemischt bis zum 9., wo es in der Früh Rauhreif gibt. Vom 11. an heißes Wetter bis zum Ende, die Nächte aber sind kühl; große Dürre.

August: Beginnt mit warmem Wetter, danach bis zum 10. gemischtes, unlustiges Wetter. Von da an bis zum 29. schön warmes, helles Wetter. Dann bis zum Ende des Monats ungestüm.

September: Fängt an mit unlustigem, ungestümem Wetter und Regen bis zum 9. Dann schön Wetter bis zum 14. Danach drei Tage Regen und drei Tage wieder schön. Den 20. bis zum 25. Regen, danach schön Wetter. Am 28. früh gereift, danach wieder warm Wetter bis zum Ende September.

Oktober: Beginnt mit schönem Wetter bis zum 7. Dann erhebt sich trübes Wetter. Am 13., 14. und 15. schönes, lustiges Wetter. Am 16. bis 27. fängt es an zu reifen und gefrieret daneben. Am 18., 24., 25., 26. nachmittags allzeit schön warm. Am 27. bis zum Ende des Oktober trüb und neblig.

November: Fängt mit schönem lustigem Wetter an, das bis auf den 6. dauert, da Regen einfällt. Vom 10. bis 16. Schnee, drei Tage schön, danach unlustig Wetter bis zum Ende des Monats.

Dezember: Fängt an mit unlustigem Wetter, das mit Trübe, Nebel und Schnee bis zum 9. währet. Von da bis zum 12. ist es trocken. Danach wird es rauh und frostig bis zum 27., wo es regnet; an 30. und 31. Schönwetter.

Januar: Ist nicht aufgezeichnet worden, vermutlich aber ist er trocken und ziemlich kalt, doch nicht gar zu kalt.

Februar: Ist im Anfang schön und lustig. Vom 12. bis 17. Schnee und Wind, danach bis zum Ende des Monats überaus kaltes Wetter.

März: Fängt an mit kaltem Wetter in der Frühe, abends taut es, am 7. und 8. regnet und schneit es abwechselnd. Vom 9. bis 23. gefriert es hart, am 24., 25. ist es trüb mit Regen, danach bis zum Ende des März gefroren.

VENUS

21. 3. 2004-20. 3. 2005
21. 3. 2011-20. 3. 2012
21. 3. 2018-20. 3. 2019

Venus ist ein schöner weißglänzender Stern, wird außer Sonne und Mond am häufigsten gesehen. Vollendet alle Jahre einmal seinen Lauf um die Sonne. Seine Natur ist feucht und warm, doch weniger als die des Jupiter. Venus ist weiblich, wohl temperiert und in allen ihren Aspekten gütig, fortuna minor [kleineres Glück] genannt. Die unter diesem Stern geborenen Weibsbilder macht sie schön mit langen Haaren, gibt ihnen ein rundes Gesicht und runde Augen, sie formiert [prägt] so ähnliche Leute wie der Jupiter, doch sind diese den Müßiggang und der Wollust zugeneigt. Venus ist Patronin von Jünglingen, Mägdelein, Konkubinen, Ehefrauen, Köchen, Musikanten, Freunden und Verwandten, von Milden und Sanftmütigen, Barmherzigen, Freundlichen, Höflichen, Wohlgeputzten, Tänzern, Freiern und allen, die gern lustig und in Gesellschaft sind. Ihr sind die Seidensticker, Bordenwirker, Maler und Poeten zugeordnet.

Sie beherrscht im Körper der Menschen die Gebärmutter, Nieren, Geburtsorgane, Samenleiter, Brüste, Kehle, Lenden, Leber und das Geruchsorgan.

Das Jahr der Venus insgesamt

Das Venerische Jahr [Venus-Jahr] ist jederzeit mehr feucht als trocken, wenn man alle Teile des Jahres zusammennimmt; ist auch schwül und ziemlich warm.

Frühling. Weil das Solarische Jahr [Sonnen-Jahr] die Kälte ziemlich weit hinausstrecket, so gibt es einen späten Frühling. Dieser Frühling ist allezeit feucht, gewöhnlich wohl temperiert und allen Früchten bequem und angenehm; bisweilen ist es auch gar zu naß, so daß man nicht gut säen kann, besonders wo es nasse Felder hat. Ein später Frost ist nicht leicht zu befürchten. Wo der Same [die Saat] groß ist, kann man die Schafe wohl darauf treiben; man kann sie auch länger auf den Wiesen gehen lassen als in anderen Jahren.

Sommer. Wenn die Nässe im Frühling nicht gar zu groß und kontinuierlich ist, folgt ein warmer, schwüler Sommer, wie er gewöhnlich zu sein pflegt. Regnet es aber stetig im Frühling, so folgt ein hitziger, dürrer Sommer, was aber selten geschieht, und es wächst ein Hauptwein [Qualitätswein]. Sonst ist immer zu befürchten, daß viel Heu und Getreide auf dem Feld bleibe und verfaule, darum muß man die Feiertage nachmittags nicht schonen, daß das liebe Getreide hereinkomme. Wenn im Venerischen Jahr [Venus-Jahr] ein dürrer Sommer ist, so wird darauf das Getreide teuer. Ein dürrer Sommer folgt, wenn im Februar, März, April, Mai zuvor eine Sonnenfinsternis oder das vorige Jahr ein Komet gewesen ist.

Herbst. Der Herbst ist gewöhnlich warm und schön, währet aber nicht lang. Darum ist mit allem Fleiß dahin zu trachten, daß die Weinberge zeitig gedeckt und auch die Wintersaat zeitig gesät werde, denn um Mitte November wintert es gewöhnlich zu und geht vor Weihnachten nicht wieder auf.

Winter. Der Winter ist anfangs leidlich trocken, danach, besonders vom 12. Februar bis zum Winterende, ganz feucht. Hat überaus große Wassergüsse, die den Häusern, Menschen und Vieh Schaden zufügen! Obwohl die großen Wassergüsse nicht immer häufig sind, so ist dieser Winter doch immer warm und feucht.

Wind, Güsse und Ungewitter. Das Venerische Jahr [Venus-Jahr] hat sehr viele und fast täglich große Ungewitter, die zwar nicht anzuzünden [keine Brände], aber große Wolkenbrüche und Güsse zu verursachen pflegen, den Brachfeldern sehr schädlich.

Partikular-Witterung der Venus

März: Ab 21. gefroren, bald warm, bald trüb, bald wieder gefroren, und rauhe Luft, bald Wind und Regen.

April: Anfangs in der vorigen Art [wie im März]. Am 4. Schnee, dann bald lustig, bald schön, bald wieder Regen, Schnee, Wind und unbeständig. Den 15. schön, den 21. rauhe Winde, darauf Reif und Frost bis zum 30., wo es warm ist.
Mai: Ist im Anfang schön und warm, den 6. Donner, nachmals Regen bis zum 17. Dann wieder Schönwetter. Am 24. rauhe Luft bis zum 29. Von da schön warm bis zum Ende des Monats.

Juni: Ist anfänglich warm und schön bis zum 21., zwischendurch auch Donner und Regen. Danach fast täglich Donnerwetter, Regen und unlustig bis zum Ende.

Juli: Ist am Anfang trüb und melancholisch, am 3. und 4. Reif, nachmittags Donner und Regen, danach schön. Den 10. wieder Regenwetter bis zum 15. Den 16. und 17. schönes Heuwetter, danach Regen bis zum 24., von dem an es drei Tage schön ist. Den 27. bis 30. Donner und viel Regen, den 31. ein schöner Tag.

August: Regnet vom Anfang bis zum 8., der ein schöner Tag ist. Danach wieder Regen bis zum 14., der wieder ein schöner Tag ist. Dann schöne warme Erntezeit bis zum 25. Von da bis zum Ende Wetterregen [Regenwetter], außer dem letzten Tag des Monats, der schön ist.

September: Fängt schön an; den 3. windig und trüb, den 4., 5. und 6. Rauhreif, den 7. schön, 8. und 9. ungeschlacht [unartig]. Am 10. Rauhreif, am 11. Regen. Danach schön warmes Wetter. Den 19., 20. und 21. trüb und etwas Regen, danach bis zum Ende Schönwetter.

Oktober: Den 1. Tag des Monats schön, den nächsten Donner, Blitz und großer Regen. Danach unlustig bis zum 9. Den 10. wieder schön warm bis zum 14., der nachmittags Regen bringt. Dann wieder Schönwetter und warm bis zum 24., da es früh gereift; aber der Tag ist schön und gut Wetter bis zum 28., da es Eis gefroren. Den 30. Schnee, den 31. trüb und rieseln [Nieselwetter].

November: Fängt trüb an und mit rauhen Winden. Der 6. und 7. schöne lustige Tage, den 8. fällt Regenwetter ein. Den 11. den ganzen Tag geschneit, danach fast täglich etwas Schnee bis zum Ende des November und die letzten Tage sehr kalt. Der Schnee bleibt bis Weihnachten liegen.

Dezember: Fängt den 2. Tag kalt an, darauf täglich geschneit und den 7. geregnet. Vom 9. fängt es an zu frieren und sich aufzuhellen. Vom 20. bis 25. unlustig Regenwetter, von da bis Ende Dezember kalt.

Januar: Die vorhergehende Kälte dauert fort, den 7. geschneit, den 8. wieder kalt bis zum 15. Da wird es lind, schneit und regnet bis zum 23. An diesem Tag wird es wieder kalt, den 30. dann lind.

Februar: Fängt trüb an, den 4. ein schöner lustiger Tag. Darauf unlustiges Wetter. Den 8. fällt große Kälte ein, am 9. ein so kalter Tag, dergleichen in vielen Jahren nicht gewesen, den 10. und 11. auch sehr unleidlich kalt. Den 12. wird es jählings warm mit Regen, daß aller Schnee in einem Tag vergeht. Darauf große, außerordentliche Wasser [Hochwasserkatastrophe des Jahres 1654]. Das weiche, warme Wetter dauert bis zum 27. Von da bis zum Monatsende rauh und unlustig mit Frost, Regen und Schnee.

Den 15. ist das angelaufene Wasser am allergrößten gewesen, dergleichen sich kein Mensch erinnern kann. Hat aller Orten unaussprechlichen Schaden zugefügt, Häuser und Menschen hinweggeführt.

März: Fängt an mit Wärme und Regen und dauert also fort. Den 11. und 12. zwei herrliche schöne Fastentage, danach Regen bis zum 25.; da hellt es sich auf. Darauf schön und warm bis zum Ende.

Was sonst noch alles im Hundertjährigen steht

Als sich der Langheimer Abt anschickte, ein neues Kalenderwerk zusammenzustellen, verfolgte er damit ganz handfeste Absichten: Er wollte den Klosterbrüdern der Abtei, die für Wirtschaft und Verwaltung zuständig waren, ebenso seinen fränkischen Landsleuten außer probaten Wetterprognosen auch noch nützliche praktische Anregungen liefern. Seine Absichten hat er in der Vorrede zum Kalender so formuliert:

»Die Verwaltung des Klosters Langheim (so vor allem der Abt, dann der Schatzmeister und die Ökonomen) zu deren Nutz und Frommen ich diese Aufzeichnungen mache, mögen sie mit Fleiß in Anwendung bringen, dann werden sie eine gute Ernte für das Kloster erzielen. Werden diese Aufzeichnungen aber außer acht gelassen, wird Mißwachs die Folge sein.«

Und so hat er seine Aufzeichnungen ganz bewußt »Calendarium Oeconomicum practicum perpetuum« genannt; er wollte sie als immerwährenden praktischen Wirtschaftskalender verstanden und genutzt wissen.

Ein entscheidender Anstoß für die Zusammenstellung des Kalendariums waren daneben auch Zorn und Ärger, die zahllose damals kursierende Kalender-Machwerke bei Knauer auslösten. Da gaben nicht nur Ärzte und Astrologen, Mathematiker, Schullehrer, Pastoren, sondern auch Bader, Kurpfuscher, Quacksalber und diverse Geldschneider allerlei Ratschläge über den richtigen Zeitpunkt für Saat und Ernte, für Aderlaß und Bäder, für die Entwöhnung von Säuglingen, für das Scheren von Haupt- und Barthaaren usw. Vor allem aber bei den Wetterprognosen lagen diese selbsternannten Kalendermacher meist so gründlich daneben, daß »derjenige, der die Beschaffenheit der Witterung daraus abzulesen sucht, sich … gründlich irrt und Schaden erleidet«.

Knauers Wettertagebuch ist angereichert mit Berichten über Unwetter und Katastrophen, deren Zeuge er geworden ist. Seine Notizen geben ein anschauliches Bild von der Landwirtschaft im 17. Jahrhundert, vom Getreide-, Wein- und Hopfenanbau, von Wiesenwirtschaft, Schafzucht und Fischereibetrieb. Daneben berichtet er – als studierter Mediziner – über häufig vorkommende Krankheiten. Sein Hundertjähriger Kalender läßt damit auch wertvolle Rückschlüsse auf die Kultur- und Wirtschaftsgeschichte seiner Zeit zu und liefert zugleich ein anschauliches Bild vom Alltagsleben dieser Epoche.

Während seine Ratschläge für die Landwirtschaft gewiß für Bauern noch von einigem Interesse sind, haben die kuriosen und wenig erbaulichen Krankheitsprognosen heute vor allem dokumentarischen Wert.

Saat und Ernte

Abhängig vom prophezeiten Wettergeschehen gibt Knauers Hundertjähriger Kalender Prognosen ab, wie die Feldfrüchte, aber auch Heu, Wein und Hopfen in jedem Planetenjahr ausfallen werden. Der Bauer findet darin Hinweise, wann er Vorräte an Heu, Korn und Stroh anlegen muß.

♂ So wächst beispielsweise in den Jahren unter **Mars** und Sonne wenig Heu, Gerste und Hafer.

In manchen Jahren liegen Gutwetter und Schlechtwetter »Regen und Sonnenschein« (hier auf einem Holzschnitt des Petrarca-Meisters aus dem Jahr 1532) so nah beieinander.

♄ Wenn aber **Saturn** das Jahr regiert, darf man sogar den sonst geheiligten und unbedingt arbeitsfreien Sonn- und Feiertag zur Einbringung der Ernte nutzen, weil sonst möglicherweise das Getreide verfault.

♃ Viel geneigter zeigt sich dagegen **Jupiter** in seinem Planetenjahr den Getreidebauern, denn er läßt alle Feldfrüchte gut gedeihen. Dafür aber haben die Obst-, Hopfen- und Weinbauern in Jupiter-Jahren nichts zu lachen: »Dieses Jahr wächst fast nichts, oder doch gar wenig an Obst, gar keine Birnen, keine Zwetschgen, Äpfel gar wenig, wenig oder gar keine Nüsse …«. Bestenfalls ist ein »gemeiner Speisewein« zu erwarten.

♀ Der Weinfreund wird aber sogleich auf die folgenden drei Jahre unter Mars, Sonne und **Venus** vertröstet, die für die Qualität der Trauben höchst vielversprechend sind: »Unter keinem anderen Planeten wächst ein gesünderer Wein als unter Venus.« Wenn der Wein dann aber ausnahmsweise (nämlich Anno 1626) in einem Venus-Jahr erfroren ist, so haben das »die Hexen und Unholden getan.«

☿ Im **Merkur**-Jahr droht vor allem dem Kraut Schaden durch Schnecken, die auch den weißen Rüben gehörig zusetzen und zudem die mittlere Herbstaussaat gefährden.

☾ In einem **Mond**-Jahr ist dann zwar keine Schneckenplage zu befürchten, dafür machen sich die Raben über Wirsing und Kohl her, und Mäuse und Würmer treiben in den Getreidefeldern ihr Unwesen. Andererseits hat das Jahr des Mondes aber Obst, Nüsse und Bucheckern in Fülle zu bieten, während der Hopfen nur mittelmäßig gerät, weil er durch »Wildtau und durch die Kiesel« [Hagel] gefährdet wird. Vom Wein hat man im Mond-Jahr allerdings nicht viel Gutes zu erwarten; die Ernte ist mager und der Wein »gewöhnlich ziemlich sauer«.

Der Garten

Wer gehofft hat, in Knauers Kalendarium auch praktische Hinweise für die Gartenarbeit zu finden – etwa über die Pflege der berühmten Klostergärten – der wird beim Durchblättern wie auch beim Lesen einigermaßen enttäuscht sein. Ernst Heimeran, der sich um die Herausgabe des echten Hundertjährigen Kalenders auf der Grundlage der Originalhandschrift verdient gemacht hat, fand erst in unserem Jahrhundert heraus, daß es im Entwurf Knauers zu seinem Wettertagebuch auch einige Eintragungen über Gartenpflanzen gibt: zum Rosmarin und zu den Nägelein (Nelken) nämlich. Dabei geht es um den Zeitpunkt im Frühjahr, zu dem der Gärtner diese Pflanzen nach der Winterruhe wieder ins Freie bringen kann. Was aber für Rosmarin und Nelken gilt, das trifft natürlich genauso auf andere bei uns nicht ganz winterharte Gewächse zu, die wir in den Sommerbeeten oder als Kübelpflanzen auf Terrasse und Balkon kultivieren.

Knauer warnt beispielsweise davor, in einem Saturn-Jahr Rosmarin vor dem 21. April in den Garten auszusetzen. Im Sonnen-Jahr aber können sowohl Rosmarin als auch Kölnische Nägelein schon am 12. April ins Freie, im Venus-Jahr sogar schon am 10. April – allerdings kann dann doch noch Frostgefahr drohen. Im Merkur- wie im Mond-Jahr brauchen Gärtner und Hobbygärtner viel Geduld: »Der Rosmarin ist vor dem 24. April nicht auszusetzen, sonst erfriert er«. Zum Mars-Jahr aber gibt es in der Handschrift keinerlei Angaben.

Über Seuchen und Krankheiten

♄ Da der **Saturn** ein kalter Planet und den Menschen gar nicht wohlgesonnen ist, muß in seinem Jahr mit vielerlei Krankheiten und Beschwerden gerechnet werden. Vor allem Katarrhe, Husten, Fieber und Schwindsucht grassieren unter Kindern und Erwachsenen, und man soll auch achtgeben auf »Durchfall, weiße Ruhr, Grimmen im Leib, schwarze Gelbsucht und andere Krankheiten, die von kalten Füßen verursacht werden«. Wie den Menschen, so wird auch dem Vieh das Saturn-Jahr übel bekommen.

♃ Freundliche Aussichten für die Gesundheit aber bringt das **Jupiter**-Jahr. Außer »Seitenstechen, Wehtun im Rücken und Windblasen im Laib« muß nur in Einzelfällen mit »Schlag, Krampf, Herzzittern und Entzündung der Leber« gerechnet werden.

♂ Nicht viel Erfreuliches hat der Mensch vom Kriegsgott **Mars** zu erwarten, denn in seinem Planetenjahr stehen »hitzige Krankheiten«, zu Zeiten wohl auch Pest, Krebs, Karbunkel und rote Ruhr, ins Haus.

☉ Dafür versöhnt das **Sonnen**-Jahr wieder mit all den Unbilden, die Mars über die Menschen ausgegossen hat. Bringt doch die liebe Sonne allenfalls »Ohnmacht, Niederfallung, Herzklopfen« und nur gelegentlich Katarrhe oder Geschwüre des Unterleibs mit sich; die Sonne ist also weitgehend ein Garant für gute Gesundheit.

♀ Das schöne, feuchtwarme **Venus**-Jahr droht dann wieder mit allerlei »französischen Krankheiten« und solchen, »die sich in den Geburtsgliedern bei Mann und Weib zu zeigen pflegen«. Venus macht zwar »die Weibsbilder schön mit langen Haaren«, doch führt sie auch gelegentlich zu »Schwachheiten der Leber und des Magens«.

☿ Der recht kalte und trockene **Merkur** hat mancherlei Krankheiten an Geist und Seele im Gefolge. Es kann zu »Unsinnigkeit, Beraubung der Sinne …, Stammeln der Zunge …, hinfallender Krankheit … und allerlei melancholischen Krankheiten« kommen. Besonders von Seuchen betroffen sind im Merkur-Jahr möglicherweise die Tiere, vor allem das Rindvieh.

☾ Unter der Regentschaft des **Mondes** plagen sich die Menschen oft mit »Gicht, Grimmen, Katarrhen, Weiberfluß, Milz und Wassersucht«. Außerdem grassieren auch öfter »Rotlauf, Seitenstechen und unleidliches Reißen in den Lenden.« Auch Schafe und Bienen sollen im Winter des Mond-Jahres besonders stark bedroht sein.
So weit die Warnungen Knauers vor Krankheiten und Gebrechen, die sich unter dem Einfluß der Planeten und des von ihnen verursachten schlechten Wetters einstellen können. Gesundheitsratschläge gibt der weise Abt im authentischen Hundertjährigen Kalender keine. Doch finden sich nach Angaben Heimerans in der Bibliothek zu Bamberg auch rein medizinische Schriften aus seiner Feder, in denen er Krankheiten nicht nur prognostiziert, sondern auch Empfehlungen für ihre Heilung gibt.

Über Bauernregeln, Lostage und »verworfene Tage«

In der von Ernst Heimeran besorgten kritischen Ausgabe des »Echten 100jährigen Kalenders« sind die »Bauernregeln« gar nicht enthalten, da sie nicht aus der Feder Knauers stammen sollen. Vielmehr wurden sie vom Langheimer Abt aus bereits vorhandenen Quellen übernommen, aus Wetter- und Bauernpraktiken, aus Reynmans Wetterbüchlein u.a. Schriften. Viele Sprüche haben ihren Ursprung auch schon in der Meistersingerzeit oder reichen noch weiter zurück.

Die nachfolgende, nach Monaten gereihte Zusammenstellung (siehe Seiten 104-115) soll nur eine Kostprobe solcher Wetter-, Winzer- und Bauernregeln sein; sie enthalten Ratschläge für die Arbeiten des Jahres und Hinweise auf günstige Witterungsperioden. Vielfach handelt es sich dabei auch um mit Lostagen verknüpfte Wetterprognosen. Knauer hat diese wohl nicht beliebig abgeschrieben, sondern nur solche übernommen, die ihm aufgrund eigener Beobachtungen und Einsichten sinnvoll und nützlich erschienen. So wählte er vor allem Sprüche aus, die auf die heimische Landwirtschaft und den Weinbau Bezug nahmen. Schließlich lebte und wirkte er im fränkischen Weinanbaugebiet, und hier hat er »dem gemeinen Mann aufs Maul geschaut« und dessen Erfahrungen weitergegeben.

Daß Knauer dennoch nicht alles, was von den Vorvätern überliefert war, wortwörtlich genommen hat, beweist sein relativierender Vorspruch zu den von ihm zitierten Wetterregeln: »Von denen nachfolgenden Regeln ist zu bemerken, daß dieselben zwar auf schlechtem Grunde stehen, und daher auch für keine unfehlbare Wahrheit anzunehmen, jedennoch auch nicht gar zu verwerfen sind; sondern nach Belieben observiret werden können.«

Die Lostage des Jahres

In die dem Jahreslauf folgende Sammlung von Bauern- und Wettersprüchen hat Knauer, wie bereits erwähnt, auch zahlreiche Regeln übernommen, die mit den sogenannten Lostagen verbunden sind. Solche Merktage spielen bis heute vor allem in ländlichen Bereichen eine wichtige Rolle. Es hat die Menschen seit jeher gereizt, aus gewissen Zeichen in der Natur Rückschlüsse auf Künftiges zu ziehen.

Lostage oder Lurtage sind bestimmte Kalendertage, aus deren Witterung sich nach verbreitetem Glauben Prognosen für die weitere Wetterentwicklung stellen lassen. Zum Teil gehen sie allerdings auch auf uralte Erfahrungen zurück. So hatte man beobachtet, daß die Wetterlage, die an einem ganz bestimmten Tag des Jahres herrscht, oft noch über längere Zeit anhält. An einem anderen Lostag aber weist sie auf die Witterung hin, die erst in einigen Wochen oder Monaten zu erwarten ist. Das kommt in bekannten und gern zitierten Lostagssprüchen zum Ausdruck:

»Wie das Wetter am Siebenschläfertag,
so soll es sieben Wochen bleiben«.
Oder:
»Lichtmeß im Klee,
Ostern im Schnee«.

Neben den sogenannten großen Lostagen gibt es andere Tage oder kurze Zeitabschnitte, zu denen sich mit großer Wahrscheinlichkeit ein Wetterwechsel einstellt. Auch die Regeln über sich wiederholende Wetterereignisse gehen auf jahrhundertealte Beobachtung zurück und haben sich in vielerlei gereimten und ungereimten, doch immer einprägsamen Wettersprüchen niedergeschlagen.

» Mattheis bricht das Eis.
Findet er keins,
So macht er eins.«

Dies ist ein Hinweis darauf, daß nicht selten Ende Februar (hier am 24.2.) nach vorangegangener schöner Zeit ein heftiger Nachwinter einsetzt.

Oder:
»An Kunigund
Wird's warm von unt'«.

Diese Wetterregel spricht für sich, denn sie besagt, daß der Winter zu Ende ist und der Frühling einsetzt (hier am 3. März).

Nach altem Volksglauben sind die Los-Tage oder Lur-Tage (losen = horchen, auf etwas achten; luren = lauern) vor allem jene geheimnisvollen zwölf Nächte von Weihnachten bis Dreikönig (die »Zwölften«), in denen man die Zukunft deuten, aber auch das Wetter des folgenden Jahres vorhersagen kann:

»Wie sich die Witterung von Christtag bis Heilig Drei König verhält,
So ist das ganze Jahr bestellt«.

Man lauerte, horchte in diesen Tagen, was die Zeit zu sagen hatte. Lostage waren nicht nur Wetteranzeiger, sie hatten zudem eine gewisse Vorbedeutung für das persönliche Schicksal und künftige Ereignisse wie Kriege, Überschwemmungen, Seuchen usw.

Auch die den Bauern wichtigen Termine für die Landwirtschaft, wie Anbau, Ernte u.a., werden gelegentlich Lostage genannt, obwohl sie eigentlich Bauernregeln sind, die sich nach langer Erfahrung vor allem auf dem Lande herausgebildet haben, zum Beispiel:

»An Sankt Kilian (8. Juli)
säe Wicken und Rüben an«.

Auch wenn sie der besseren Einprägsamkeit wegen mit Heiligennamen verbunden sind, haben Lostage im Grunde nichts mit Kirchenfesten zu tun, sondern eher mit der Denkart der Landbevölkerung, für die die den Heiligen und Märtyrern gewidmeten Tage im Kalender wichtige Fixpunkte im Jahreslauf waren und sind. So wurden schließlich die Kalender-Heiligen zugleich zu Wetterpropheten.

Verworfene oder Unglückstage

Schon immer haben die Menschen daran geglaubt, daß es außer den Lostagen auch Kalenderdaten gibt, die für bestimmte Tätigkeiten, Anlässe und Entscheidungen ungünstig sind. Im alten Ägypten hatten solche Tage (Tagwählerei) einen religiösen Hintergrund. Den Römern galten alle auf die Kalenden, die Nonen und die Iden folgenden Tage als Unglückstage, ebenso die dem Totengedenken gewidmete Woche vom 13. bis 21. Februar. An solchen »verworfenen Tagen« durfte man nichts Neues anfangen; für Eheschließungen kam der gesamte Monat Mai nicht in Frage.

In Mitteleuropa bildete sich im Laufe des Mittelalters ein ganzer Kanon von Unglückstagen heraus, die in den verschiedenen Kalendern auch als solche bezeichnet waren. Termine für das Purgieren, Aderlassen, Baden, aber auch für Taufe, Hochzeit und Begräbnis wählte man im Einklang mit dem Kalender, und man mied die verworfenen Tage. Auch für wichtige Feldarbeiten (Aussaat und Ernte, Viehauftrieb und -abtrieb) kamen bestimmte Tage nicht in Frage. Im bäuerlichen Brauchtum wurden und werden sogenannte Schwendtage vorwiegend zum Ab- und Aufräumen benutzt.

Ursprünglich bedeutete das Wort »Schwenden«, daß man einen Baum durch Abschälen der Rinde am Fuß zum Schwinden, also Absterben brachte. Der Begriff geht wahrscheinlich in die Zeiten der Landnahme zurück, als man neugewonnenes Weide- und Ackerland durch Abbrennen, Reuten oder Schwenden urbar machte. Für diese Tätigkeit fand man besondere Tage heraus;

wer an solchen Tagen Jungholz oder schlechtes Baumwerk abgeschwendet hat, der konnte damit rechnen, daß es nicht so bald oder gar nicht wieder nachwuchs.

Ein religiöser Bedeutungszusammenhang mit den Unglückstagen ist nicht zu erkennen; auch fielen die guten und die bösen Tage in verschiedenen Regionen und Landschaften auf ganz unterschiedliche Termine. Viele Kalender führten beispielsweise den 13. und 23. Januar, den 2., 10., 17. und 22. Februar, den 13., 19., 23. und 28. März usw. als Unglückstage. Man nannte diese Daten auch schwarze, ägyptische oder Schwendtage. In Tirol glaubte man vielerorts, alle Tage mit einer 7 (also der 7., 17. und 27. eines Monats) seien Unglückstage und daher für den Baubeginn, für den Kauf oder Verkauf von Grund und Boden und anderen Gütern, aber auch zur Einstellung von Dienstboten ungünstig.

Abt Mauritius Knauer übernahm die Unglückstage für seinen Kalender aus der sogenannten Paduanischen Tabelle (siehe dazu auch Übersichtskalender Seite 116 bis 119).

Die nachfolgenden **Bauernregeln und Wettersprüche** sind dem »Hundertjährigen Haus-Calender« in der Leipziger Ausgabe von 1756 entnommen.

Januario

Um Agnes- und Vincentii-Tag, den 21. und 22. Jenner tritt der Saft in die Bäume, und wenn an diesem letzten Tage die Sonne scheinet, folget ein gutes Wein-Jahr.

Sonnenschein auf Pauli-Bekehrungs-Tag, den 25. Jenner, bringet ein gutes Korn- und Weinjahr. Wind auf diesem Tag soll Krieg bedeuten; ein dicker Nebel bringet Sterben unter Menschen und Vieh; Schnee und Regen praefagieret teure Zeit [hat Teuerung zur Folge].

Februario

Wenn die Sonne an Lichtmes-Tag schön klar scheinet, so wird noch mehr Schnee fallen, auch die Kälte noch länger anhalten, und der Flachs wohlgerathen.

Was für ein Frost an Petri Stuhlfeyer gefallen, dergleichen sollen noch zehen fallen.

Wenn es am Matthias-Tage gefrieret, soll noch 40 Tage Frost folgen.

Wie es den Ascher-Mittwoch wittert, also soll es die ganze Fasten durch, wie auch in den Oster-Tagen wittern.

Wenn der Hornung warm ist, so pfleget gemeiniglich ein kalter Frühling hernach zu folgen.

Martio

Wenn die Nacht vor Mariä Verkündigung hell und klar, und an solchem Tage Sonnenschein ist, so bedeutets ein fruchtbares Jahr, und gute Erndte-Wetter.

Wenn das Wetter am Palm-Sonntage nicht gut ist, so bedeudets ein böses Jahr, et vice versa.

Trockner Merz, nasser April und kühler Mai, füllet die Wein-Keller und machet viel Heu.

Viel Regen im Merz bringet einen dürren Sommer und ein gutes Wein-Jahr.

Aprilis

Wie viel Reife [Rauhreif] gewesen sind vor Michaelis im vorigen Jahr, eben so viele sollen deren kommen um diese Zeit, nach St.Georgen-Tag, welcher ist den 23. Aprilis.

Nach dem ersten Donner-Wetter hat man sich keiner Reife [Rauhreif] mehr zu besorgen.

Ein nasser April ist ein Zeichen der folgenden Fruchtbarkeit; hergegen ein trockner April verhindert den Wachsthum der Früchte.

Maius

Ein heller Pancratii-Tag (den 12.) verheisset viel guten Wein.

Vor Servatii-Tag (den 13.) soll man sich keines gewissen Sommers versehen; und nach diesem Tage hat man sich keines Frostes mehr zu befürchten, der dem Wein schaden kann.

Scheinet die Sonne am St. Urbans-Tage, (den 25.), so wird der Wein gut; regnets aber, so wird er sauer, oder geräth gar nicht; denn wie es an diesem Tage wittert, soll es auch im Herbst, absonderlich in der Weinlese, wittern.

Der Pfingst-Regen bringt nichts Gutes und eine schlechte Ernte.

Wenn im Mai die Eichen schön blühen, so giebts viel Butter und gute Schwein-Mast.

Wenn es in der Blüthe der Bäume stark regnet, so fallen sie ab, und gerathen die Früchte nicht wohl.

Junio

Wenn es am Medardi-Tag, den 8. Juni regnet, so ist in 40 Tagen kein beständig Wetter zu hoffen.

Regnets am St. Johannis-Tag, den 24. so soll eine nasse Erndte folgen, und die Hasel-Nüsse verderben.

Die Bienen-Schwärme, so vor Johannis fallen, sind die besten; die aber nach Johannis fallen, sind nicht so gut.

Auf Petri- und Pauli-Tag, den 29. bricht dem Korn die Wurzel, und reiffet es hernach Tag und Nacht.

Julio

Wenn es am Tage Mariä Heimsuchung, den 2. Julii, regnet, so folget noch mehr Regen, und zwar, wie man insgemein dafür hält, noch 40 Tage lang.

Regnets am St. Margarethen-Tag, den 13. so werden die Welschen Nüsse verderben, und die Hasel-Nüsse abfallen.

Wenn der Anfang der Hunds-Tage, den 22. hell und klar ist, so bedeutets ein gut Jahr; ists aber um selbige Zeit trübe, soll die Pest ins Land kommen.

Wenn die Sonne am St. Jacobs-Tage, den 25. scheinet, soll im Winter grosse Kälte folgen; Regnets an diesem Tage, oder drey Tage zuvor, so verderben Eicheln, dagegen soll die Gerste wohl gerathen: Es bedeutet auch warme feuchte Zeit ... Und wie es den Vormittag an Jacobi-Tage wittert, so soll auch das Wetter seyn vor Weynachten, und wie das Wetter ist Nachmittag, so soll es wittern nach Weynachten.

Augusto

Wenn 2, 3 oder 4 Tage vor oder nach Oswaldi-Tag den 4. Augusti, die unter den Bäumen liegenden Äpfel braten, so erfrieren folgenden Winter die Weinreben.

Wenn an Mariä Himmelfahrt, den 15. die Sonne helle scheinet, so ist Hoffnung zu vielen und guten Wein: Regnets aber an diesem Tage, so folget mehr Regen, und der Wein wird sauer.

Wie es am Tage Bartholomäi, den 24. wittert, also soll es durch den ganzen Herbst wittern: Und wenn es ein schöner heller Tag ist, soll ein gut Wein-Jahr zu hoffen seyn.

Wenn in diesem Monat öffters ein kalter Thau fällt, so wird das Obst davon wurmstichig und fällt ab.

September

(Da in der als Vorlage verwendeten Ausgabe aus dem Jahr 1756 die entsprechende Seite für den September fehlte, wurden die Wettersprüche für diesen Monat einer anderen zeitgenössischen Quelle entnommen.)

Säe Korn Egidii.

Soviele Fröste vor Wenzeslaus fallen, soviele werden nach Jacobi folgen.

Fallen die Eicheln vor Michael ab, so kommt der Winter frühzeitig.

Soviele Tage es vor St. Michael reift, soviele wird es nach St. Georg Fröste geben.

October

Auf einen hellen Herbst folgt ein windiger Winter. Um Gallus, den 16. October pflegen noch wohl einige warme Tage zu kommen, so man den Gallen-Sommer nennet.

Wenn man von dem Tage an, da der erste Schnee fällt, bis auf den nechst-künftigen Neumond zehlet, so viel derselbigen Tage sind, so offt wird in folgenden Winter das Wetter aufgehen, oder aufthauen.

Wenn das Laub von den Bäumen abfällt, und nicht weit von den Bäumen wegfällt, sondern beysammen bleibet, so soll ein fruchtbares Jahr folgen.

Novembri

Am Allerheiligen-Abend pflegen die Bauern ein Span von einer Birken zu hauen, und darnach das Wetter zu urtheilen. Denn wenn derselbe Span trocken, so ists eine Anzeigung, daß der Safft schon in die Wurzel gewichen, und ein kalter Winter werde; ist er aber feuchte, so soll keine sonderliche Kälte zu befürchten seyn.

Regnets an Martini-Tage, so bedeutets einen unbeständigen Winter; dafern aber die Sonne an diesem Tage scheinet, soll es einen harten Winter und grosse Kälte verkündigen.

Der Schnee, so in diesem Monat fällt, ist der Saat gut.

Donnerts, wenn die Sonne im Zeichen des Schützen ist, vom 22. November, so erwartet man ein fruchtbar Jahr.

Decembri

Kommt der Christ-Tag, den 25. December, wenn der Mond zunimmt, so wird ein gut Jahr; aber im Abnehmen, und je näher dem neuen Licht, je härter wird das Jahr.

Wenn es um Weihnachten gelinde ist, so währet die Kälte lange hinaus: Und wenn um diese Zeit die Wiesen grün sind, so vermuthet man auf künftige Ostern Schnee, nach der alten Regel: Grüne Weihnachten, weisse Ostern.

Übersichtskalender

zu Tagen, an die sich Bauernregeln oder Lostage knüpfen

Januar	Februar	März
1 Neujahrstag	1	1 Albinus
2 Makarius	2 **Mariä Lichtmeß**	2
3	3 Blasiustag	3 Kunigunde
4	4	4
5	5 St. Agatha	5
6 **Dreikönigstag**	6 Dorothea	6
7	7	7
8	8	8 Cyprian
9	9 Apollonia	9
10 Paulus Einsiedler	10	10 40 Märtyrer
11	11	11 *Oculi*
12	12 Severin	12 **St. Gregoritag**
13	13	13
14 Felix	14 St. Valentinstag	14
15	15	15
16	16	16
17 Antonius Einsiedler	17	17 Gertrud
18	18	18 *Lätare*
19	19	19 Josefitag
20 Fabian, Sebastian	20	20
21 Agnes	21	21 St. Benediktentag
22 St. Vinzenztag	22 **Petri Stuhlfeier**	22
23	23 Aschermittwoch	23
24 Timotheus	24 **Matthiastag**	24 *Corpus Domini*
25 **Pauli Bekehr**	25	25 **Mariä Verkündigung**
26	26	26 Ludger
27	27 *Invocavit*	27 Ruprecht
28	28 Romanus	28
29	29	29
30		30
31 Virgilius		31

Tage, an denen sich das Wetter ändern soll
Tage, deren Witterungscharakter längere Zeit anhalten soll
»verworfene« oder Unglücktage

kursiv = bewegliche Feste des Osterkreises
halbfett = große Lostage

April
1 *Palmsonntag*
2 Rosamunde
3
4 Ambrosius
5
6
7
8 *Ostersonntag*
9
10 St. Ezechiel
11
12
13
14 St. Tiburtius
15
16 Albinus
17
18
19
20
21
22
23 **St. Georgitag**
24 Albert
25 **Markustag**
26
27
28 St. Vitalis
29 Sybylla
30 Walpurgisnacht

Mai
1 Philippus u. Jakobus, **Walpurgis**
2
3
4 St. Florianitag
5
6
7 Stanislaus
8
9
10
11 Alt-Mamertustag
12 Pankratius
13 Servatius
14 Bonifatius
15 Sophie
16 Johannes v. Nepomuk
17 *Christi Himmelfahrt*
18
19
20
21
22
23
24
25 **St. Urbanitag**
26
27 *Pfingstsonntag*
28
29
30 Wigand
31 Petronilla

Juni
1 Fortunatus
2
3
4
5 Bonifatius
6
7 *Corpus Domini*
8 Medardus
9
10 Margaretentag
11 St. Barnabas
12
13 Antonius
14
15 St. Veitstag
16 Benno
17
18
19 Gervasius
20
21
22
23 **Johannisnacht**
24 Johannistag
25
26
27 **Siebenschläfertag**
28
29 **Peter u. Paul**
30

Juli	August	September
1 Theobald	1 Petri Kettenfeier	1 St. Ägiditag
2 **Mariä Heimsuchung**	2	2
3	3	3
4 St. Ulrichstag	4 Dominikus	4
5	5 Mariä Schnee, Oswalditag	5 Laurentius
6	6	6
7	7	7
8 Kilian	8	8 **Mariä Geburt**
9	9	9 St. Gorgontag
10 **Siebenbrüdertag**	10 Laurentius	10
11	11	11 Bischof-Felix-Tag
12	12	12
13 Margaretentag	13 Severin, Hippolyt u. Kassian	13
14	14	14
15 Apostelscheidtag	15 **Mariä Himmelfahrt**	15
16	16 Rochus	16 Ludmilla
17 Alexius	17	17 Lambert
18	18	18
19	19 Sebald, Ludwig	19
20 Margareta, Elias	20	20
21	21	21 St. Matthäustag
22 Maria Magdalena	22 Symphorian	22 Mauritius
23 Hundstage (Anfang)	23 Hundstage (Ende)	23 Thekla
24	24 St. Bartheltag	24
25 St. Jakobitag	25	25 Kleophas
26 Anna u. Joachim	26	26
27	27	27
28	28 Augustinus	28 Wenzeslaus
29	29 Johannis Enthauptung	29 **St. Michaelitag**
30 Abdon	30	30 Hieronymus
31	31	

Oktober	**November**	**Dezember**
1	1 **Allerheiligen**	1 Eligius
2 Leodegar	2 **Allerseelen**	2 Bibiana
3	3	3
4	4	4 St. Barbaratag
5	5	5
6	6	6 St. Nikolaustag
7	7	7
8	8	8 Mariä Empfängnis
9 Dionysius	9	9
10	10	10
11	11 **St. Martinitag**	11
12	12	12
13	13	13 **St. Luzitag**
14 Calixtus	14 Leopold	14
15 Theresia	15	15
16 Gallus, Hedwig	16	16
17	17	17
18 St. Lukastag	18	18
19	19 Elisabeth	19
20	20	20
21 Ursula	21 Mariä Opferung	21 **St. Thomastag**
22	22 St. Cäcilientag	22
23 Severin	23 Klemens	23
24	24	24 Adam u. Eva
25	25 St. Katharinentag	25 **Christtag**
26	26	26 St. Stephanitag
27	27	27 Johannes Evangelist
28 Simon u. Juda	28	28 Unschuldige Kinder
29	29	29
30	30 St. Andreastag	30
31 Wolfgang		31 **St. Silvestertag**

Wettervorhersage heute

Was für ein Wetter! lautet die beliebte Formel für den Einstieg in eine unverfängliche Unterhaltung mit Nachbarn, Kollegen oder Wildfremden. Das Wetter war und ist ein immerwährendes Thema. Die Frage nach den Wetteraussichten interessiert die Menschen wirklich, und sie ist eine Art Ritual. Kaum ein Fernsehbeitrag verzeichnet so viele Zuschauer, wie die Wettervorhersage im Anschluß an die täglichen Abendnachrichten.

Daß sich die Meteorologen aller wissenschaftlicher und technischer Errungenschaften zum Trotz dennoch häufig irren, liegt an der Komplexität der Materie, die – wollte man sie ausführlich darstellen – den Rahmen dieses Büchleins sprengen würde.

Das Wetter richtet sich nicht immer nach dem Kalender. Bauern und Gärtner halten sich weniger an den kalendarischen Frühlingsanfang oder die Wettervorhersagen der Metereologen, als an zuverlässige Zeichen in der Natur. Menschen, die in enger Verbindung mit der Natur leben, sind auch heute noch in der Lage, erstaunlich treffsichere Prognosen über die Wetteraussichten ihrer unmittelbaren Umgebung zu stellen. Und ein sich prompt einstellendes, persönliches Zipperlein ist auch heute noch vielen Stadtmenschen ein weitaus zuverlässigerer Vorbote eines nahenden Wetterumschwungs als jede meteorologisch untermauerte Prognose.

Unser Wetter entsteht weit draußen in der atlantischen »Wetterküche«. Tausende von Bodenstationen, Radiosonden, Wetterballons und –satelliten sammeln weltweit Meßdaten, die miteinander verglichen und ausgewertet werden. Aus solchen großräumigen Wetterbeobachtungen werden dann die von lokalen Einflüssen abhängigen regionalen Prognosen abgeleitet. Dabei sind mittelfristige Vorhersagen weitaus zuverlässiger als langfristige, die für Monate oder ganze Jahreszeiten Gültigkeit haben sollen. Für letztere ist man auf die statistische Auswertung von Beobachtungsreihen angewiesen, die Aufschluß darüber geben, wie oft sich ein spezielles Wettergeschen in einem bestimmten Monat oder einer Jahreszeit wiederholt und wie lange es angehalten hat.

Alles schon 'mal dagewesen?

Es gibt eine ganze Reihe von wiederkehrenden Wettererscheinungen, die auch in den Aufzeichnungen von Mauritius Knauer enthalten sind und die teilweise in den Merksprüchen zu Lostagen und in manchen Bauern- und Wetterregeln ihren Niederschlag fanden.

In der Meteorologie unterscheidet man zwischen Konstanz und Singularität der Wettererscheinungen. Unter Konstanz versteht man die Neigung des Wetters, seine Grundtendenz beizubehalten oder zu verändern, wenn bestimmte Voraussetzungen gegeben sind; es handelt sich also um die Beständigkeit bzw. Veränderlichkeit des Wetters. Singularität nennt man typische Wetterlagen, die mit einiger Wahrscheinlichkeit alljährlich zum fast gleichen Termin eintreffen.

Eine Singularität, also eine regelmäßige Wettererscheinung, sind die **Eisheiligen** im Mai, die im Norden schon mit Mamertus (11.5.) beginnen und in südlicheren Regionen erst mit Bonifatius (14.5.) enden. In Süddeutschland und Österreich zählt zu diesem Kälterückfall auch noch die **Kalte Sophie** (15.5.). Die Kältephase der Eisheiligen, die das Thermometer zum Leidwesen von Obstbauern, Gärtnern und Imkern bis zum Nullpunkt sinken läßt, trifft gewöhnlich zwischen 9. und 17. Mai ein.

Die **Schafkälte**, eine weitere Singularität, setzt um den 10. bis 14. Juni ein und kann 1-2 Wochen dauern. Mit diesem Kälteeinbruch verabschiedet sich der Winter dann endgültig. Der vom Atlantik kommende naßkalte Wind kühlt das in der Frühjahrssonne erwärmte Festland stark ab. Weil die um diese Zeit frischgeschorenen Schafe vom Temperaturabfall überrascht und die Herden nicht selten dezimiert wurden, bekam diese Phase den Namen Schafkälte. Sie hat ihren Niederschlag in zahlreichen Regensprüchen gefunden, etwa zu St. Veit (am 15.6.): »Sankt Vit bringt Regen mit«.

Eine sogenannte Konstanz und als Regenbringer zugleich ein volkstümlicher Lostag ist der **Siebenschläfertag** (27.6.), zu dem es heißt: »Ist Siebenschläfer ein Regentag, regnet's sieben Wochen noch danach.« Der wahre Kern dieses Spruches ist, daß sich um Ende Juni oder Anfang Juli meist der Charakter des ganzen Sommers entscheidet. Regnerische Tage nach vorausgegangenem Schönwetter zeigen um diese Zeit an, daß in dem Jahr sommerliche Monsunwinde den mitteleuropäischen Raum erreicht haben; sie bringen dann 6-7 Wochen lang feuchte Luftmassen mit Regen. Wenn aber in dieser Zeit kein Regen einsetzt, bleibt die Wetterlage meist bis zu den Hundstagen trocken und stabil. Der Bauer hat auch für diesen Fall seinen Spruch: »Wenn es Siebenbrüder (10. Juli!) nicht regnet, so gibt es eine trockene Ernte.«

Eine ebenfalls recht konstante Wetterperiode bilden die **Hundstage** (23.7. bis 23.8.). Sie setzen ein, wenn gegen Ende Juli der Hundsstern oder Sirius in einigen Breiten am Morgenhimmel wieder sichtbar wird. In der Zeit kommt es gewöhnlich zu einer beständigen Hochdrucklage, die uns ab dem letzten Julidrittel bis weit in den August hinein hochsommerliches Wetter und die höchsten Temperaturen des Jahres beschert.

Der **Altweibersommer**, die jährlich wiederkehrende Schönwetterperiode im September, ist eine zuverlässige Singularität; doch läßt sich sein Eintreffen nicht genau datieren. Der »Wärmerückfall«, dessen Ursache ein beständiges Rußlandhoch ist, folgt gewöhnlich auf einen letzten sommerlichen Kaltluftvorstoß und setzt um den 10. oder auch erst um den 20. September ein. Diese warme herbstliche Schönwetterperiode mit geringer Bewölkung und den niedrigsten Niederschlagswerten des Jahres, aber schon kalten Nächten kann bis in den Oktober hinein anhalten.

Eine ganz markante Singularität ist das **Weihnachtstauwetter**. Es wird als besonders ärgerlich und störend empfunden, weil es die zur Weihnachtsidylle gehörende weiße Pracht rigoros aufweicht. In Lostags- und Bauernregeln findet dieser Wetterumschwung kaum Erwähnung, doch langfristige Wetteraufzeichnungen – auch die des Hundertjährigen Kalenders – beweisen, daß dieses Phänomen keineswegs etwas Neues ist. Verursacht wird das Weihnachtstauwetter durch ein von den Britischen Inseln bis zur Ostsee reichendes Tiefdruckgebiet und eine Hochdruckzone im Süden. Zwischen 14. und 24. Dezember herrscht meist noch trockenes Frostwetter mit kontinentaler

Kaltluft aus dem Osten, doch plötzlich, oft am 24. oder 25., fällt dann milde Atlantikluft ein und beschert die jetzt gar nicht willkommenen frühlingshaften Temperaturen.

Wir können die Leistungen des Mauritius Knauer erst richtig einschätzen, wenn wir berücksichtigen, mit welch einfachen Hilfs- und Kommunikationsmitteln er zu seinem Kalendarium gekommen ist. Seine sorgfältigen Wetterbeobachtungen über Jahre und die akkuraten Aufzeichnungen markieren gleichsam den Beginn einer Wetterforschung mit wissenschaftlichem Anspruch. Zugleich ist er als erster daran gegangen, das alte Wissen von den kosmischen Rhythmen mit seinen durch Beobachtung gewonnenen wissenschaftlichen Erkenntnissen zu verbinden.

Die Zuordnung der Planeten zu den Jahren 1998-2098

Saturn	Jupiter	Mars	Sonne	Venus	Merkur	Mond
——	——	——	——	——	1998	1999
2000	2001	2002	2003	2004	2005	2006
2007	2008	2009	2010	2011	2012	2013
2014	2015	2016	2017	2018	2019	2020
2021	2022	2023	2024	2025	2026	2027
2028	2029	2030	2031	2032	2033	2034
2035	2036	2037	2038	2039	2040	2041
2042	2043	2044	2045	2046	2047	2048
2049	2050	2051	2052	2053	2054	2055
2056	2057	2058	2059	2060	2061	2062
2063	2064	2065	2066	2067	2068	2069
2070	2071	2072	2073	2074	2075	2076
2077	2078	2079	2080	2081	2082	2083
2984	2085	2086	2087	2088	2089	2090
2091	2092	2093	2094	2095	2096	2097
2098	——	——	——	——	——	——

(Die Tabelle kann im 7-Jahres-Rhythmus für beliebige Zeiträume in die Vergangenheit zurückverfolgt oder in die Zukunft fortgeschrieben werden.)

Literaturverzeichnis

Hundertjähriger Kalender nach Moriz Knauer, Wien 1798

Weitere benutzte Ausgaben des Hundertjährigen Kalenders von 1809, 1825, 1836, 1856

Bächtold-Stäubli: Handwörterbuch des deutschen Aberglaubens, Berlin/Leipzig 1927-1937

Balzer, K.: Wetterfrösche und Computer. Möglichkeiten und Grenzen der Wettervorhersage, Frankfurt 1989

Bendel, Johann: Wetterpropheten, Regensburg 1904

Boll, Franz und Bezold, Karl: Sternglaube und Sterndeutung, Berlin 1931

Dazur, Waldemar von: Wetterzeichen überall, München 1959

Faas, J.: Knauer als Arzt. In: »Bamberger Blätter«, 4. Jg. 1927

Gloning, P. Mar.: Vom Verfasser des Hundertjährigen Kalenders. In: »Bayerland«, 25. Jg., S. 286, München 1913/14

Göschl, Franz: Planetare Wetterbeeinflussung, 1949

Grube, Heinz: Bauern-Regeln und Los-Tage, Aachen 1905

Heimeran, Ernst (Hrsg.): Echter 100jähriger Kalender, München 1934

Helwig, Christoph von (Hrsg.): Hundertjähriger Kalender, Leipzig 1786

Hundertjähriger Kalender des »Lahrer Hinkenden Boten«, Lahr 1921

Kaserer, Hermann: Bauernregeln und Lostage in kritischer Beleuchtung, Wien 1926

Knopf, Jan (Hrsg.): Alltages-Ordnung. Ein Querschnitt durch den alten Volkskalender, Tübingen 1982

Körber, Hans-Günther: Vom Wetterglauben zur Wetterforschung, Leipzig 1987

Pastor, Eilert: Deutsche Volksweisheit in Wetterregeln und Bauernsprüchen, Berlin 1934

Przybyllok, Erich: Unsere Kalender in Vergangenheit und Zukunft, Leipzig 1930

Reutter, Heinz: Methoden und Probleme der Wettervorhersage, Wien 1954

Rohrer, Ludwig: Kalendergeschichte und Kalender, Wiesbaden 1978

Schneider-Carius, Karl: Wetterkunde, Wetterforschung, Freiburg 1955

Wendorff, Rudolf: Tag und Woche, Monat und Jahr. Eine Kulturgeschichte des Kalenders, Opladen 1993

Woltereck, Heinz: Klima, Wetter, Mensch, Leipzig 1938

Der Mosaik Verlag
ist ein Unternehmen der Verlagsgruppe Bertelsmann

Redaktionsleitung: Halina Heitz
Redaktion: Hanna Forster
Herstellung/DTP: Martin Strohkendl
Umschlaggestaltung: Design Team München
Reproduktionen: Artilitho, Trento
Druck und Bindung: Egedsa, Barcellona
Printed in Spain
ISBN: 3-576-11190-5